이겨본 적
있는가
단
한번이라도

길고 짧은 건
대봐야 안다?

그러니까
매번 지는 것이다!

이겨본 적
있는가

단
한번이라도

당당한 나를 만드는
손자병법의 지혜

이남훈 지음

목차

PART 3

인간관계에서 이기는 구조

함부로 믿는 대신에 함께할 이익을 설계하라

PART 4

일에서 이기는 구조

승리를 갈구하기 전에 지지 않을 태세부터 갖춰라

이겨놓고 시작하기 위한
'이기는 구조'를 만드는 생각법

우리는 현재 진행되는 일에 대한 승리와 성공을 지나치게 낙관하는 태도를 경계한다. 과도한 낙관주의와 자기 확신이 오히려 일을 망칠지도 모르니, 너무 자신감에 넘치지 말고 신중하고 겸손하게 임해야 한다고 여긴다. 거기다가 "세상 일이 어떻게 될지 아무도 모르는데, 내가 이길지 질지 어떻게 알아?"라는 반문도 충분히 가능하다. 여기에 '운'까지 거론되면 상황은 더욱 복잡해진다. 내가 아무리 잘해도 나쁜 운이 따를 수도 있다고 생각하면 역시 승패를 가늠하기 어렵다고 여긴다. 더 나아가 경험상 장밋빛 미래를 꿈꿨다가 폭망하는 주변 사람들을 자주 보았다면, 나도 언제든 그럴 수 있다는 위협감은 자연스러운 것이기도 하다. 이렇게 따지면 승리와 성공을 향해 나아가는 우리의 여정은 안개 속을 헤쳐가는 고난의 행군이자, 고민과 걱정의 살얼음판 위를 걸어가는 고행의 나날들이다.

그런데 이러한 고통과 불안을 매우 편리하게 완화해주는 특정한 생각의 방법들이 있다. 긍정적인 것은 아니기에 '나락의 사고법'이라고 부를 수 있을 것이다. 처음에는 이렇게 시작된다.

"길고 짧은 건 대봐야 아는 거니까 그냥 매 순간 맞닥뜨리는 현실에서 최선을 다하면 되지 않을까?"

'매순간 최선을 다하자'라는 말은 매우 안정감이 드는 소소하지만 확실한 승리의 전략이라고 볼 수도 있다. 하지만 전력질주가 아니라, 종종걸음 같은 모양새나 다름없다. 마치 나를 무시하고 약올린 사람에게 강편치를 날리려고 온갖 과격한 제스처를 다하다가 정작 "야, 우리가 꼭 이렇게까지 해야 돼냐?"라고 말하는 것과 비슷해 보인다.

나락의 사고법 2단계는 성과는 없지만 용기를 낸 자신을 칭찬하는 일이다. 대체로 이런 방식이다.

"그래, 내가 호랑이를 그리려다 강아지를 그렸다고 치자. 그래도 강아지는 그린 거 아니냐?"

이러한 생각은 실패와 좌절의 불안에 떠는 자신을 달래

기 위해 최종 방어선의 역할을 한다. 졌지만 잘 싸웠고, 강아지를 그린 것만 해도 성과라는 이야기다. 그런데 여기서 완전히 나락으로 떨어지는 마지막 한 단계가 더 있다. 인생에서 승리와 성공의 가치 자체를 깎아내리는 방식이다.

"인생 뭐 별거 있냐? 다 거기서 거기지."

이솝 우화에서 유래한 '신 포도Sour Grapes 심리'라는 것이 있다. 여우가 포도를 따먹으려다 실패하자 이렇게 말한다.

"저 포도는 어차피 시어서 맛도 없을 거야."

이 정도면 정신 승리의 최고봉이자 나락 중에서도 최하단이다.

문제는 이런 나락의 사고법에 익숙한 사람은 이기는 방법, 성공을 쟁취하는 정공법을 잘 모르면서 일단 시작한 후에 뭔가를 해보려는 사람이라는 점이다. 확신도 없고 방법도 모르는 상태에서 전진하다 보니 불안과 두려움을 느낀다. 그러다 보니 결국 '최종적인 승패를 지금 어떻게 알아?'라며 안전판을 깔고, 목표를 달성하지 못해도 시도한 자신의 용기를 칭찬하면서 만족하고, 최종적으로는 승리와 성공의 가치 자체를 머릿속에서 지워버리는 방식이다.

'이겨놓고 시작한다'는 모순

이러한 나락의 사고법에서 완전히 반대되는 비상의 사고법을 한 사람들이 있다. 그들은 바로 전쟁을 직업으로 삼은 장수들이다. 그들은 승리와 성공에 관한 한 가장 예민하고, 가장 치열하고, 가장 독하게 생각한 사람들이다. 왜냐하면 그들의 사전에는 '회복 탄력성'이라는 우아한 말 자체가 존재하지 않았기 때문이다. 인생에서는 여러 도전에 실패해도 재기가 가능하지만, 그들에게 재기란 없다. 전쟁에서의 패배는 자신의 죽음이며, 부하들의 궤멸이며, 조국의 패망이었다. 회복할 여지도, 탄력적으로 다른 기회를 찾을 우회길도 원천봉쇄될 뿐이다. 그러니 그들이 평상시 밥 먹고 하는 일이란 '어떻게 승리할까?'라는 단 하나의 주제였다. 일 년 내내 승리하는 방법을 찾아내고, 최소한 지지 않는 전략을 연구했다. 나라가 존속하는 한 10년이고 20년이고 이 문제를 파고 파고 또 팠다.

동양에서는 무려 2,500년 전부터 이런 일이 시작됐고, 그 생각과 전략의 총집합체가 일명 '병법서'라고 불리는 책들이다. 『손자병법孫子兵法』에서 시작해 『오자병법吳子兵法』, 『육도六韜』, 『삼략三略』, 『사마법司馬法』이 대표적이며, 이러한 탐구 결과는 오늘날 서양의 현대 전쟁에서도 수없이 차용되고 있으며, 실전에서 그 위력이 검증됐다.

그들이 내린 최종적인 결론은 이것이다.

'시작하고 이기려 하지 말고, 이겨놓고 시작하라.'

사자성어로 말하면 선승구전先勝求戰이다. 물론 이 말이 다소 억지스러워 보일 수도 있다. 서로 힘과 실력을 겨뤄보지도 않았는데, 어떻게 먼저 이길 수 있으며, 더 나아가 '이겨놓고 시작한다'라는 말 자체가 논리적으로 모순처럼 보이기 때문이다. 거기다가 앞에서 우리가 살펴본 지나친 낙관주의에 대한 경계, 세상 일은 운에 의해 좌우된다는 느낌, 길고 짧은 건 대봐야 안다는 경험에 대한 신뢰가 어우러져 '이겨놓고 시작하라'는 말은 근거 없는 자신감, 과도한 낭만이라고 여길 수 있다.

두 눈을 실명한 장군의 무패 기록

연전연승, 무패의 기록을 달성하며 싸울 때마다 승리한 인물들은 동서양 전쟁사에서 그리 어렵지 않게 찾아볼 수 있다. 『오자병법』을 지은 오기吳起 장군은 살아 있는 동안

참전한 76회의 큰 전쟁에서 64번 승리를 거뒀고 12번 무승부를 기록했다. 단 한 번도 패배하지 않은 것이다. 『손자병법』을 지은 오나라의 손무孫武도 그랬다. 그의 전투 기록은 정확히 남아 있지 않지만, 단 3만 명의 군대를 지휘해서 초나라의 20만 대군을 격파하는 기적 같은 승리를 거뒀다. 심지어 오나라 군대는 강대국인 초나라의 수도를 점령하고, 진나라, 제나라까지 공포에 떨게 했다.

서양 전쟁사에서도 얼마든지 찾아볼 수 있다. 체코의 국민 영웅으로 불리는 얀 지슈카Jan Žižka는 15세기 가톨릭 십자군 전쟁에서 연전연승했으며, 심지어 말년에는 전쟁 중 두 눈을 잃었는데도 군대를 지휘해 무패 기록을 이어갔다. 18세기 러시아 제국 최고의 명장인 알렉산드르 수보로프Alexander Suvorov는 평생 60회에 걸친 전투에서 단 한 번도 패하지 않았다. 제1차 세계대전 당시 독일 장군인 폴 폰 레토프-포르베크Paul von Lettow-Vorbeck 역시 고작 1만 4천 명의 병력으로 영국, 벨기에, 포르투갈 연합군 30만 명 이상을 상대로 4년 넘게 버티며 단 한 번도 결정적인 패배를 당하지 않았다. 그는 제1차 세계대전사에서 무패로 전쟁을 마친 유일한 독일군 지휘관으로 기록되었을 정도다.

이러한 놀라운 연전연승과 무패의 비결은 무엇일까? 물

론 전략 전술의 차원에서 다양한 이유가 있겠지만, 한 가지 확실한 것은 그들은 전쟁에서 이기는 원리를 머릿속에 선명하게 그려놓았고, 그것의 과학적인 원리를 완전히 자신의 전투 스타일로 굳혀놓았다는 점이다. 그러니까 그들은 싸우기 전에도 이미 이기고 있었고, 전쟁터로 향하는 행군은 그냥 '이기러 가는 길'이었다. 요즘 말로 한다면, '질 자신이 없는 상태'라고나 할까? 그러니 그들에게 매번의 전쟁은 그저 이기는 방법을 반복하는 일이었고, 그 과학적인 원리를 재현하는 일일 뿐이었다.

전쟁과 비슷한 우리의 일상

우리가 살아가는 인생은 전쟁터에 비하면 그나마 형편이 낫지만, 그럼에도 전쟁의 양상과 놀랍도록 일치한다. 내가 이룬 성과를 방어하며 입지를 넓히고, 더 나아가 목표를 향해 돌진해가는 일, 누군가를 나의 편으로 끌어들여 동지로 만들고, 나를 미워하는 사람조차 호의적으로 만드는 일, 거기다가 상대방의 속임수에 당하지 않고 내 이익을 지키는 법, 감정을 조절하며 그때그때 다른 포지션을

취해 유리한 입장에 서야 하는 것은 전쟁에서 장수와 병사들이 하는 일과 매우 유사하다.

그렇다면 우리도 전쟁 천재들이 늘 이기는 방법, '시작하고 이기려 하지 말고, 이겨놓고 시작하라'를 체화해야 한다. 만약 우리가 삶 전체의 방향을 결정하는 인간관계, 일, 감정관리, 자기 변화에서 이기는 구조를 만들고 그 과학적 원리를 체화한다면 살아가는 동안 '질 자신'이 사라질 것이다.

이 책이 근거하고 있는 『손자병법』을 비롯한 각종 병법서는 일반적인 동양 고전과는 차원이 다른 간절함과 절박함을 가지고 쓰였다. 단순히 세상의 본질을 철학적으로 논하거나, 왕이 세상을 다스리는 유교적인 원리 정도가 아니다. 죽이지 않으면 죽는 세계에서 살아가는 사람들이 고민하고 연구한 내용이기에 어떤 관점보다 냉정하고, 치열하고, 날카롭다.

물론 살다 보면 힘들 때는 위로도 필요하고, 지칠 때는 한 템포 쉬어가기도 해야 한다. 하지만 그러한 위로와 휴식도 제대로 된 전략과 무기가 있을 때에나 의미 있는 일이다. 그렇지 않은 상태에서의 위로와 휴식은 그저 정체되고 나약해지는 일에 불과하다. 그러니 이제 더 이상 '길고 짧은 건 대봐야 안다'라며 준비 없는 싸움을 하거나 성과

없는 용기만 칭찬하는 일을 그만두자. 병법서가 말하는 '이겨놓고 시작하는 방법'과 그 과학적인 원리를 체득하면 이제 앞으로의 싸움에서 하나씩 튼실한 성과를 챙겨나갈 수 있을 것이다.

이남훈

자기변화에서
이기는 구조

일관성의 허상에 속지 마라!
변화만이 유일한 살 길이다

intro

우리는 '일관성'이라는 것을 무척 선호한다. 세월이 흘러도 일관된 모습을 유지하는 사람, 시대가 바뀌어도 변하지 않는 일관된 원칙 등에서 안정감과 신뢰감을 느끼기 때문이다. 하지만 또 한편으로 보면 과연 정말로 우리의 머릿속이 아니라 실제 현실에서 그런 사람이나 원칙이 있는지는 의구심이 든다. 사람이 성장하고 발전한다는 것은 과거의 일관성에서 벗어나는 것을 말하고, 세상이 더 좋게 변하는 것 역시 과거의 원칙을 무너뜨릴 때 가능한 일이기 때문이다. 많은 연구 결과는 물론, 철학자와 심리학자의 의견도 동일하다. 한마디로 '일관성은 자연의 법칙이 아니라 인간이 만들어낸 허구의 산물이며, 살아 있는 모든 것은 변화하고, 변화하는 것은 결코 일관적일 수 없다'라는 이야기다.

우리는 오히려 수많은 변화를 인정하고 수용하면서 그 변화와 함께 자신을 변화시키려는 태도를 갖춰야 한다. 영국의 생물학자 찰스 다윈의 그 유명한 말도 있지 않은가?

"결국 살아남는 종은 가장 강한 종도, 가장 지적인 종도 아니다. 변화에 가장 잘 적응하는 종이다."

변화만이 유일한 상수라고 생각하고 나아갈 때 우리는 더 강한 인간으로 발전해나갈 수 있다.

강자는 자신을 속일 줄 안다

극적인 자기 변화를 이끄는 생각의 리프레이밍

"군사행동이란 속임이 많은 분야다.
속이기를 잘하는 것이 병법가의 승리 비결이다."

『손자병법』

우리는 '실력으로 승부를 겨뤄보겠다'는 말을 자주 한다. 자신의 능력으로 한판 겨뤄서 이기든 지든 그 결과를 인정하겠다는 태도다. 한편으로는 성숙해 보이지만, 병법서의 기준으로 보면 더할 수 없는 아마추어의 자세다. 더 나아가 도저히 이길 수 없는 방법으로 싸우려는 필패의 전략이기도 하다. 예를 들어 상대의 힘이 100이고, 나의 힘이 50이라고 해보자. 힘으로만 싸우면 도저히 이길 수 없는 게임이다. 그런데도 힘으로 이겨보겠다고 말하는 것은 정신 승리에 불과하고, 곧 무너질 희망을 꿈꾸는 일이다. 문제는 자기 자신을 변화시키는 싸움에서도 마찬가지라는 점이다. 오랜 시간에 걸쳐 고착된 나의 생각과 습관을 바꾸기 위해 '새로운 마음가짐'만으로 덤벼보겠다는 것 역시 불가능한 방법이다. 지난 세월은 물리적인 것이고, 이를 통해 만들어진 나의 모습은 이미 내 안에서 승리를 거둔 것들이다. 이러한 상대와 싸울 때 필요한 것은 바로 나를 속이는 기만술이며, 이제까지와의 나와 싸우는 속임수다.

약자만 골라 싸우기는 힘들다

병법서들이 일관되게 강조하는 것이 있다. 바로 전쟁이란 '속임수이며 기만'이라는 점이다.

> 군사행동이란 속임이 많은 분야다. 능하면서 능하지 않은 듯이 보이고, 가까운 곳을 치려면 먼 곳을 칠 것처럼 보이고… 뜻하지 않은 곳으로 나아가나니, 이것이 병법가의 승리 비결이다.
>
> 『손자병법』

22

병법에 이른바, 모든 방법을 동원해서 적을 기만함으로써, 적의 실수를 유도한다.

『이위공문대』

적을 피곤하게 하라. 대규모 병력이 있는 것처럼 기만하라. 어리둥절하게 하고, 놀라게 하라.

『육도』

정의로움이 몸에 밴 사람의 입장에서는 과연 이렇게 기만과 실수 유도, 속임수로 싸우는 것이 올바른 일인지 의문을 가질 수도 있다. 그러나 조금만 더 깊이 생각해보면, 그것이 단순한 속임수가 아니라 생존을 위한 지혜이자, 약자가 강자를 이기기 위한 유일한 방법이다.

과거의 전쟁이든, 오늘날 우리의 생활 속 전쟁이든, 우리가 늘 약한 상대만 만나지는 않는다는 점이 중요하다. 오히려 더 강하고, 더 유능하며, 더 이로운 자원을 가진 상대와 맞서는 경우가 훨씬 많다. 그렇다면 이런 강자를 만날 때마다 우리는 늘 패배해야 할까? 만약 그래야 한다면 우리 인생은 정말 우울해지고, 희망을 품기 힘들다. 내가 좀 역부족이더라도, 또는 내 능력이 약간 부족한 듯해도 끝끝내 이기는 것이야말로 인생의 묘미이자 또한 짜릿한 반전의 즐거움이기도 하다. 그런 점에서 기만과 실수 유도, 속임수는 내 삶을 잘 운용해나가는 비법이기도 하다. 무엇보다 이는 자기 자신의 긍정적인 변화를 이끌어내고, 그것을 고착화하는 매우 좋은 방법이라고 할 수 있다.

내가 나를 속일 권리

현재의 내가 가지고 있는 부정적인 습관이나 생활태도는 '과거의 나'가 만들어온 것이다. 그러니 만약 이것을 바꾸려고 한다면 현재의 내가 과거의 나와 싸워야 한다는 의미이기도 하다. 하지만 이 싸움에 절대적 강자는 바로 과거의 나다. 오랜 시간에 걸쳐 현재의 습관을 만들어왔기에 그것을 단번에 이기기는 매우 힘들다. 그래서 새로운 변화를 시도하더라도, 결국은 다시 과거의 습관으로 돌아가버리는 경우가 많다.

미국 듀크대학교 웬디 우드Wendy Wood 교수의 연구에 따르면, 인간의 일상 행동 중 약 43퍼센트 이상이 습관에 따라 자동적으로 수행된다고 한다. 이 말은 곧 하루의 절반 가까이에서 우리는 아무런 생각을 하지 않아도 모든 것이 자동적으로 진행된다는 이야기다. 따라서 이는 내가 내부의 강자에게 절대적으로 압도된다는 의미다.

우리가 자신을 변화시키지 못하는 또 하나의 중요한 원인은 자기 자신에 대한 고정 관념 때문이다. 인간은 기본적으로 그곳이 좋든 나쁘든 자신의 정체성을 유지하려는 경향이 본능적으로 강하다. 설령 그 정체성이 부정적인 것이더라도, 그것이 익숙하기에 쉽게 벗어나지 못한다. 따라서 내면에는 늘 '나는 원래 이런 사람이야'라는 생각을 유지하고, 그에 맞게 행동하게 된다. 설사 남들이 '아주 비겁하고 나쁜 사람'이라고 평가하는 사람조차도, 사실 그들은 자신을 그리 나쁘게 생각하지 않는다. 그것이 '원래의 자신'이기 때문이다. 결국 내 안의 절대 강자, 그리고 정체성을 지키려는 본능과 싸우려면 자신을 기만하는 속임수가 필요하다.

자기실현의 동력, 리프레이밍

'미국 건국의 아버지'로 불리는 벤저민 프랭클린 Benjamin

Franklin은 젊은 시절에 다소 거만하고 논쟁적인 사람이었다. 그는 자서전에서 과거의 자신을 떠올리며 이렇게 고백할 정도였다.

"나는 내 지적 능력을 지나치게 자랑스럽게 여겼고, 논쟁과 승리를 너무 좋아했다."

만약 누구라도 이러한 태도를 보인다면 타인을 존중하거나 배려하는 일을 잘하지 못하고, 상대방을 날카롭게 공격하는 일이 많을 수밖에 없다. 그의 이러한 모습을 자주 봐온 친구는 그에게 뼈아픈 충고를 했다.

"자네는 스스로 생각하는 것만큼 영리하지 않아. 더군다나 다른 사람을 존중하지 않는 태도를 보여. 그렇다면 지금보다 더 성장하지 못하게 될걸세. 왜냐하면 자네의 그런 태도로 아무도 무엇인가를 가르쳐주고 싶어 하지 않을 것이거든."

결국 프랭클린은 좀 더 겸손해지기로 결심했고 그 변화의 구체적인 방법으로 자기기만을 활용했다. 그는 일단 말할 때 자신이 비록 확실하게 믿는 일이더라도 "제 생각에는…"이라는 말을 의도적으로 썼다. 자신의 실제 신념을 속이고, 다른 방식의 말을 하기 시작한 것이다. 또 자신이 보기에 의심할 여지가 없는 사실이라도 "그렇게 보이기는 합니다"라는 말을 썼다. 자신의 본심인 거만하고 논쟁적인 성격이 튀어나오려고 할 때마다 그는 자신을 속이면서 겸손한 척한 것이다. 이후 플랭클린은 이러한 전략적인 자기기만 덕분에 점점 더 겸손한 성격이 됐고, 과거 자신의 습관과 태도를 바꿀 수 있었다.

이러한 방법은 여러 다른 경우에도 활용해볼 수 있다. 예를 들어 매우 곤란한 일이 생긴다면 '아, 정말 심각한 문제가 생겼네'라고 생각할 수 있다. 하지만 이렇게 판단해 버리면 마음이 무거워지고 자신감이 떨어질 수 있다. 그러다 보면 문제에 압도당해 좌절하게 된다. 하지만 같은 상황에서라도 '아, 뭔가 해결해야 할 변수가 생겼어!', '이런 생각지 못한 문제를 풀어내면 내 실력도 한층 높아지겠지?'라고 여긴다면 오히려 도전 정신이 생기고 맞서 싸울 의지가 생긴다. 당연히 마음이 무거워질 일도, 자신감이 떨어질 일도 없어진다.

『삼국지』의 명장 관우 역시 일종의 자기기만으로 한계를 넘어선 적이 있다. 그는 전투 중에 팔에 독화살을 맞아 뼈에 독이 퍼졌다. 그때 의사는 수술하려면 마취를 해야 한다고 말했다. 하지만 관우는 '번거롭다'는 이유로 마취를 거부하고 한 팔로 장기를 두면서 태연하게 술을 마셨다.

뼈를 긁는 소리가 주변에까지 들렸지만 관우는 미동도 하지 않은 채 수술을 마쳤다.

사실 일반적인 관점에서는 거의 불가능에 가까운 행동이며, 이 이야기 자체가 과장되었을 수도 있다. 하지만 심리적인 해석은 충분히 가능하다. 예를 들어 실제 자신의 감정을 속이고 태연한 척, 아무렇지도 않은 척을 하게 되면 심리적으로 안정되고 부정적인 감정에서 다소 멀어질 수 있다. 이를 '리프레이밍 reframing'이라고 한다. 즉각적으로 느껴지는 생각과 감정의 틀을 바꿔 다른 프레임으로 재정의하는 일이다. 당시 관우가 이겨낸 고통 역시 이러한 리프레이밍이라고 해석할 수 있다.

인간관계에서도 마찬가지다. '저 사람은 정말로 나를 피곤하게 하는 나쁜 존재구나'라고 여기며 미움을 품을 수도 있다. 하지만 미움은 오히려 자신에게 악영향을 끼치는 마음이다. 따라서 이럴 때는 '이런 사람 앞에서도 나를 유지하고 더 성장시키는 사람이 되려면 나는 어떻게 해야 할까?'라고 여기는 방식으로 전환해보는 것이다. 이렇게 본심이나 즉각적으로 떠오르는 자신의 태도를 리프레이밍하면 전혀 다른 해법이 생기고, 자신을 보호하면서 더 지혜롭게 문제를 해결할 방법이 생각날 것이다.

결론적으로 오랜 시간 속에서 굳어진 것을 바꾸려면 '새로운 마음가짐'만으로 승부를 보려고 생각해서는 안 된다. 여기에 더해 '나는 나를 속일 권리가 있다'라는 전제하에 리프레이밍을 통한 기만 전술과 속임수를 통한 새로운 자기실현의 동력을 확보해야 한다.

인생은 결국 '약점 전쟁'이다

전체를 한방에 무너뜨릴 수도 있는 취약성의 보완

"여섯 나라가 에워싸고 있어 형세가 몹시 불리합니다.
무슨 좋은 방책이 없겠소?"

『오자병법』

사람은 누구나 강점이 있는 반면, 약점도 있게 마련이다. 강점은 좋은 것이고 약점은 나쁜 것이기에 이러한 상황을 타개하기 위해 '강점을 더 발전시키고 약점을 보완하라'는 조언을 하기도 한다. 말은 그럴듯해 보이지만, 사실 현실적으로 이 두 가지를 동시에 해내는 것은 매우 힘든 일이다.

그래서 많은 전문가는 이 문제를 해결하기 위해 연구했으며, 그 결과 '강점을 더욱 강화하라'는 것에 초점을 맞추었다. 약점을 보완하기에는 시간도 걸리고, 그 한계도 있어 오히려 강점을 더 강화해서 완벽한 차별화를 만들라는 이야기다. 더 나아가 약점을 강화하려다 보면 의지력이 더욱 많이 소모되기 때문에 차라리 강점을 강화하는 것이 훨씬 효율적이라고 말한다.

하지만 병법서의 입장에서 보면 정반대다. 강점도 물론 중요하지만, 약점을 보완하는 것이야말로 더욱 시급한 일이라는 점이다. 무엇보다 상대를 공격할 때도 약점을 찾아 제대로 타격하면 승리는 나의 것이 된다. 거꾸로 말하면 내가 아무리 강점이 많더라도 약점이 있는 부분이 허물어지면 전체가 무너지게 된다.

돌아보면 우리의 삶도 마찬가지다. 내가 가진 강점이 아무리 많아도 약점이 있는 부분에서 무너지면, 나머지의 강점도 무용지물이 되는 경우가 많기 때문이다.

약점만 골라 공략하는 전략

『오자병법』의 초반부에는 무려 6개 나라에 둘러싸여 위협받는 위나라의 2대 군주인 무후武侯가 오기 장군에게 답

31

답함을 토로하는 내용이 나온다. 그의 말을 들어보면 우리가 무후의 입장이더라도 미래의 희망이 별로 보이지 않아 낙담할 만하다.

> 지금 진나라는 우리의 서쪽을 위협하고, 초나라는 남쪽을 둘러싸고, 조나라는 북쪽을 핍박하고, 제나라는 동쪽에서 대치하고, 연나라는 우리의 후방을 차단하고, 한나라는 전방에 버티고 있소. 이처럼 여섯 나라가 에워싸고 있어서 형세가 몹시 불리하다는 생각이 들어 근심입니다. 무슨 좋은 방책이 없겠소?

이러한 복잡한 진퇴양난의 상황에서 오기가 구사한 전략의 핵심은 바로 각 나라의 강점을 찾아내는 것이 아니라 약점을 찾아내는 일이었다. 오기는 각 나라의 약점을 이렇게 이야기했다.

- 진나라 : 국민성이 사납고 백성은 서로 양보할 줄 모르며 매우 산만함.
- 초나라 : 국민성이 약하고 정치는 어수선하며, 백성은 지쳐 있음.

- 제나라 : 군주가 백성에게 소홀한 편. 군대는 마음이
　　　　하나 되지 못하고 허술한 편.
- 연나라 : 병사들이 너무 고지식함. 속임수를 쓸 줄 모
　　　　르고 한번 싸움에 임하면 불리해져도 퇴각할
　　　　줄 모름.
- 한나라와 조나라 : 거듭되는 전쟁에 너무 지쳐 있음.
　　　　병사들이 죽음을 무릅쓰고 싸우지 않음.

그리고 오기는 바로 이러한 약점에 철저하게 기반해 다양한 방법, 곧 급습, 위협, 추격, 유인, 각개격파, 매복, 피로 유발 등으로 어떻게 각각의 적군을 물리칠 수 있는지 대안을 제시했다. 오기의 이러한 필승 전략에는 각 나라의 강점이라고 여겨지는 부분에 대한 공격은 전혀 찾아볼 수 없다. 오로지 약점만 바라보고, 그것을 타격하는 것에 초점이 맞춰져 있다.

이렇게 약점을 찾아 공격하는 일은 실제 전투 현장에서도 그대로 적용된다. 『육도』에서는 '적을 공격해야 할 14가지 변화'를 말하는데, 모든 것이 '적이 약점을 보일 때'라고 해도 과언이 아니다.

적군이 전투 현장에 방금 도착해 미처 전투 대형을 갖추지 못했을 때, 적의 장병들과 말이 굶주려 있을 때, 적에게 유리한 기상 조건이 아닐 때, 적에게 유리한 지형이 아닐 때, 적군이 절도 없이 이리저리 뛰기만 할 때, 적의 경계 태세가 해이해졌을 때, 적의 장병이 피로에 지쳤을 때, 적장이 부하와 소통이 안 될 때, 적이 장거리를 행군해서 제대로 정비가 안 됐을 때, 적 부대가 강을 건널 때, 적 부대가 여유가 없을 때, 적의 장병들이 두려움에 빠졌을 때….

한마디로 전투에서의 승리란, 상대방이 가진 모든 약점을 파악하고, 그곳만 골라 공략할 때 이뤄지는 것이라고 볼 수 있다. 문제는 이 말을 정반대로 해석하면, 나 역시 이 약점으로 무너질 수 있다는 이야기다.

우리가 약점을 방치하는 이유

독일의 화학자이자 '현대 농업과 화학 분야의 아버지'라고 불리는 유스투스 폰 리비히 Justus von Liebig라는 인물이 있다. 그는 '식물의 성장은 가장 풍부한 자원에 의해서가 아니라 가장 부족한 자원에 의해서 결정된다'는 연구 결과를 발표했다. 질소, 인산, 칼륨 등 여러 영양소 중 다른 것이 아무리 넘쳐나도, 단 하나의 성분이 부족하면 식물은 딱 그 부족한 성분의 양만큼만 자란다는 이야기다.

우리가 매일 사용하는 컴퓨터 시스템도 마찬가지다. 인터넷 속도가 아무리 5G이고, 모니터 화질이 엄청나고, 좋은 키보드가 있더라도, 메모리의 용량이 현저하게 떨어지면 다른 모든 것의 강점이 컴퓨터 메모리라는 약점 하나에 발목을 잡혀 제 성능을 발휘하지 못한다.

이는 우리 개인의 능력에도 마찬가지로 적용될 수 있다. 나의 가장 큰 약점 하나가 모든 장점을 덮어버린다는 이야기다. 일도 잘하고, 말도 잘하고, 대인관계도 무척 좋은 사람이 있다고 해보자. 그런데 그 사람이 알코올 중독이라면? 이 단 하나의 약점이 다른 모든 강점을 무력하게 만들어버린다고 할 수 있다. 이런 맥락에서 보면 '강점에 집중하라'는 일반적인 조언보다 '약점을 최대한 보완하라'는 병법서의 조언이 훨씬 더 유용할 수 있다.

다만 우리가 이 약점에 집중하고 그것을 보완하는 일에 매우 서투른 것이 사실이다. 일단 사람은 누구나 자신의 약점을 계속해서 생각하면 기운이 빠지고 위축될 수밖에 없다. '나는 이게 모자라', '나는 이걸 보완해야 해'라는 생각을 지속적으로 하면 자신감이 떨어진다. 그래서 우리는 때로 약점을 외면함으로써, 또는 그 대신 '나는 이런 강점이 있잖아?'라며 약점을 의도적으로 축소하면서 이런 상황에서 벗어나고자 한다. 하지만 계속 이 상태를 방치했다가는 결국 약점을 제대로 보완할 수 없게 된다.

따라서 약점을 보완하는 과정은 단계적으로, 그리고 전략적으로 진행되어야 한다. 가장 핵심적인 전략은 바로 내 약점을 '당장' 보완하거나 그 약점을 만들어내는 습관 등을 '뿌리째' 뽑아내려는 생각을 버려야 한다는 점이다. 이렇게 결심하면 순간적으로는 속이 시원해지면서 미래가 밝아질 것처럼 생각되지만, 본질적으로 이는 약점을 보강하는 최악의 방법이다. 시간이 조금만 흘러도 이러한 '당장'과 '뿌리째'에 대해서는 강한 저항감이 생길 뿐이다.

'내일부터 당장 다이어트할 거야'라고 생각해본 사람이거나 '내일부터 당장 매달 책을 두 권씩 읽을 거야'라고 결심해본 사람이라면 그런 결심이 얼마나 허망한지 알 것이다. 왜냐하면 사람의 심리에는 관성의 힘이 강력하게 작용하기 때문이다. 하지 않던 것을 갑자기 하려고 한다거나,

생활을 한꺼번에 바꾸려고 하는 것, 과거의 내 모습을 갑자기 버리려고 할 때는 반작용의 힘이 강해진다. 마음으로 결심은 할 수 있어도, 심리적으로 받아들여지지 않게 된다는 이야기다.

점진적 노출의 중요성

결국 약점을 보완하기 위한 그 모든 방법은 조금씩, 점진적으로 이루어져야 저항감도 생기지 않고, 또한 설사 저항감이 생기더라도 그것이 장애물이 되지 않은 상태에서 가볍게 뛰어넘을 수 있게 된다. 이를 과학적으로는 '점진적 노출Gradual Exposure'이라고 말한다. 심리학에서 불안이나 공포를 극복하려면 피하고 싶은 자극에 한꺼번에, 전면적으로 노출되어서는 안 되고, 최소화된 단계부터 서서히 높여가며 노출되어야 함을 말한다. 이는 불안감이 한꺼번에 닥치면 그것을 감당하지 못하므로 '감당할 만한 수준'에서 점차 높여가야 함을 의미한다. 이러한 점진적 노출은 불확실한 상황을 다루는 거의 모든 영역에서 활용된다.

예를 들어 주식 투자에서는 분할 매수, 분할 매도라는

형태로 활용되고, 군사 훈련에서도 시뮬레이션에서 시작해 부분적인 임무를 수행하고 더 난이도 높은 임무를 수행하게 된다. 심지어 우리가 하는 근육 운동조차 단계적으로 강도를 높이는 방식으로 진행된다. 자신의 약점을 보강하는 방법도 마찬가지다. 이런 맥락에서 보면 '당장'과 '뿌리째' 나의 약점을 바로잡겠다는 것이 얼마나 무모한 일인지 알 수 있다.

약점을 보완하기보다는 강점을 더 강화해 완벽한 차별화를 이루라는 내용도 물론 일리가 있다. 시간도 절약할 수 있고, 남들에게는 더 돋보이는 방법이 되기도 한다. 하지만 아무리 대단한 사람도 결국 그 자신이 가진 약점 하나에 무너지고, 심지어 그 약점으로 자신의 소중한 인생이 송두리째 부정당하는 일이 생기기도 한다. 한꺼번에 약점을 보완하려는 성급한 생각보다는 차분하게, 조금씩 약점을 보완해나가다 보면, 어느 순간 강점은 유지되지만 약점이 점점 희미해지면서 더 큰 시너지를 만들어낼 것이다.

바람이 불면 풍차를 만들어라

유연성 확보를 위한 학습된 무기력으로부터의 탈출

"유柔· 강剛· 약弱· 강强, 이 네 가지 모두
마땅히 쓰여야 할 곳에, 잘 어울러서 사용해야 한다."

『삼략』

사람은 일관성 속에서 심리적 안정감을 확보하려는 경향이 매우 강하다. 자신의 생각, 감정, 행동이 일관되게 유지되면 불안감이 줄어들고 삶에 대한 만족도도 향상된다. 물론 그렇지 않으면 정반대 상황이 펼쳐진다. 이를 더 쉽게 설명하면, 지난밤 과도한 음주로 평소에 하지 않던 말과 행동을 했다고 해보자. 다음 날 아침에 일어나 지난밤을 생각해보면 부끄럽고, 수치스럽고, 후회하기도 할 것이다. 이는 자신의 일관성이 깨졌기 때문이다. 따라서 정신적 건강을 위해서도 일관성은 늘 유지되어야 한다.

그런데 여기에 한 가지 문제가 있다. 너무 일관적이기만 하면, 문제 해결력이 떨어진다는 점이다. 우리가 인생에서 맞닥뜨리는 수많은 문제는 모두 제각각이고, 그 형태는 수도 없이 많다. 그런데 그것을 대하는 나의 태도가 늘 일관적이라면? 부드러워져야 할 때 늘 강하거나, 굳세어야 할 때 약한 모습으로는 제대로 대응하기가 힘들다.

그래서 필요한 것이 유연성인데, 이게 말처럼 쉬운 일이 아니다. 자신의 일관성을 유지하는 데는 일정한 방해 요소가 되기 때문이다. 전쟁이란 결국 끝없는 문제 해결의 연속이다. 그런 점에서 병법서에서 이 문제를 다루는 것은 너무도 당연한 일일 것이다.

일관성의 함정

병법서에서는 장수의 10가지 결함인 '십과十過'에 대한 이야기를 한다. 장수의 10가지 결격 사유라고 보면 될 것이다. 예를 들어 성격이 너무 급하다든지, 지나치게 탐욕스러운 장수는 문제가 있다고 말한다. 그런데 일견 우리가 긍정적이라고 평가하는 것도 때로 전쟁터에서는 결격 사유가 될 수 있다. 인자한 성품, 신의를 지키는 성격, 심지어 청렴결백한 것도 문제가 될 수 있다.

> 마음씨가 너무 인자하여 차마 인명을 살상하지 못하는 것, 지혜가 있으면서도 마음에 겁이 많은 것, 자기가 신의를 지킨다고 하여 남의 말을 너무 믿는 것, 청렴결백하기만 하고 다른 사람을 아끼지 않는 것, 지혜가 있지만 결단력이 부족해 의심을 잘 품는 것.
>
> 『육도』

이는 어떤 성격과 태도의 이면에 있는 장수로서의 부족한 면을 지적한다고 볼 수 있다. 하지만 앞에서 살펴봤듯, 사람은 늘 일관성을 가지려고 한다. 인자한 사람은 늘 인자하려고 하고, 신의를 지키는 사람은 늘 신의를 지키려고 한다. 평소 청렴결백한 사람은 부정한 짓에서 멀어지려고 하는 것이다.

실제 전투 현장에서도 이런 사례가 있다. 송나라 양공襄公은 초나라 군대와 전투를 하고 있었다. 이때 양공의 군대는 이미 강어귀에 진을 치고 있었고, 초나라 군대는 막 그

강을 건너려고 할 때였다. 신하들이 "적군이 강을 반쯤 건 넜을 때 공격해야 합니다"라고 조언했지만, 양공은 "군자 는 남이 어려울 때 괴롭히지 않는다"라며 거절했다. 그는 초나라 군대가 강을 다 건넌 뒤 비로소 공격을 시작했고, 결국 송나라 군대는 대패하고 말았다. 양공의 '남이 어려 울 때 괴롭히지 않는다'는 일관성이 전투를 망친 것이다.

그뿐만 아니라 이러한 일관성은 오히려 역공의 빌미가 되기도 한다. 조조는 전쟁을 할 때 적장의 성향부터 파악 했다. 이때 만약 '신의를 잘 지키는 장수'라는 평가가 주를 이룬다면 때로 이를 역이용하기도 했다. 일단 적에게 '화 친하겠다', '항복하겠다'고 말하면서 시간을 끌었다. 상대 장수는 그 자신이 신의를 잘 지키므로 조조도 그럴 것이라 고 믿을 수밖에 없다. 이때 조조는 신의를 깨고 매복과 기 습으로 적을 무찌른 경우가 적지 않다. 결국 일관성 있게 신의를 지키는 일은 매우 긍정적으로 보이기는 하지만, 전 쟁과 같은 극한 상황에서는 오히려 상대방에게 속기 쉽고, 궁지에 몰릴 가능성을 더욱 높인다고 할 수 있다.

이렇게 놓고 보면, 일관성이란 참으로 다루기 까다로운 것이기도 하다. 일관성을 너무 강하게 지키려고 하면 상황 에 유연하게 대응하기가 쉽지 않은 반면, 일관성이 자주 무너지면 자기 정체성에 대한 통일감이 없어지고, 주변 사람들에게서 '너무 변덕이 심하다'는 말을 들을 수도 있기 때문이다.

유연성을 확보하는 방법

이러한 문제점에 대해 병법서는 한 가지 힌트를 준다. 바로 자신이 가진 일관성의 약점을 인식하고, 그 반대의 일관성이 가진 장점을 생각해보는 일이다.

부드러움이 능히 굳센 것을 제압할 수 있고, 약한 것도 능히 강한 것을 제압할 수 있다. 부드러움에는 덕德이 있어서 이것이 장점이 되어 굳센 것을 제압할 수 있다. 반대로 굳세기만 하면 다른 이들의 마음을 상하게 하거나, 해칠 수 있다. (…) 남에게 베풀 경우가 있을 때는 부드럽게, 무슨 일을 시행할 때는 굳세게 추진하며, 다른 사람의 도움을 받아야 할 때는 약점을 보일 필요도 있고, 때로 어려운 상황에 처하거나 힘을 보탤 일이 있을 경우에는 강하게 추친해야 할 때도 있다. 즉, 유柔·강剛·약弱·

> 강強이 네 가지 모두 마땅히 쓰여야 할 곳에, 잘 어울러
> 서 사용해야 한다.
>
> 『삼략』

여러 가지 일관성을 그 상황에 맞게 계속해서 변화시키라는 이야기다. 때로는 부드럽게柔, 때로는 굳세게剛 대처하고, 경우에 따라 강함強과 약함弱을 병행하라는 것이다. 결국 일관성을 무작정 고집하기보다는 상황에 주목하고 그에 따라 움직여야 한다.

하지만 이러한 조언이 다소 공허하게 들릴 가능성도 분명 존재한다. 다소 극단적으로 이야기해보면, '그때그때 알아서 하라'는 소리로 들릴 수도 있기 때문이다. 하지만 그럼에도 많은 사람이 일관성에서 다소 멀어지는 유연성을 연구해왔고, 이를 확보할 수 있는 방법을 제안한다.

가장 먼저 중요한 것은 '유연성은 훈련이다'라는 점을 염두에 두어야 한다는 점이다. 근육을 키우듯이 유연성도 반드시 키워질 수 있으며, 얼마나 연습하느냐에 따라 그 결괏값이 달라진다. 우선 유연성에 대한 정의부터 해보아야 한다. 이는 '새로운 규칙이나 관점을 받아들이는 능력'이라고 할 수 있다. 좀 더 쉽게 보면, 우리가 외국여행을 갔을

때 하게 되는 생각이 가장 대표적이다. 한국과는 문화와 관습이 다른 나라를 여행하면 많은 사람을 보게 되고, 그들의 관습과 맞닥뜨리게 된다. 이때 '와, 이렇게 행동하는 사람도 있구나', '이러한 문화도 가능하구나'라는 점을 인식하면 새로운 규칙과 관점을 받아들이는 능력이 훨씬 증대된다. 그 결과 나의 생각, 나의 태도, 나의 신념이 전부는 아니라는 점을 인식하게 되고, 정반대의 생각, 태도, 신념에도 분명한 장점이 있다는 것을 인식하면 그때부터 유연성이 더욱 증폭될 수 있다.

학습된 무기력 vs 학습된 낙관주의

좀 더 현실적으로는 '다른 방법은 없을까?'라며 끊임없이 자신에게 질문해보는 것도 한 방법이다. 내가 즉각적으로 대응하는 방식을 잠시 멈추고, '이런 방법도 괜찮지 않을까?'를 떠올리는 것만으로도 고집스러운 일관성에서 한 걸음 떨어지는 일이라고 할 수 있다. 실제 병법서에서는 이러한 '수많은 방법'에 대해 매우 의미 있는 설명을 하는 내용이 있다.

소리의 기본 요소는 불과 5가지(궁, 상, 각, 치, 우)이지만 그 변화는 다 들을 수도 없을 정도이며, 색깔의 요소는 불과 5가지(적, 청, 황, 백, 흑)이지만, 그 변화는 다 볼 수 없을 정도다. 맛의 요소는 불과 5가지(달고, 시고, 짜고, 맵고, 쓴)이지만 요리가 되었을 때의 변화는 다 맛볼 수 없을 정도이며….

『손자병법』

실제로 그렇다. 우리가 매일 먹는 음식만 봐도 맛의 기본 미각은 매우 단순한 5가지에 불과하다. 하지만 그 맛의 조화가 만들어내는 무궁무진한 변화를 떠올려보면 이해하기 쉽다. 지금 내가 하는 방법은 그저 수많은 것 중 하나일 뿐, 무수히 많은 방법이 있다는 사실을 염두에 두어야 한다.

또 하나 중요한 방법은 이렇게 다른 방법을 찾아나갈 때 실패를 실패 그 자체로 보지 않는 관점을 갖는 것이다. 우리가 일관성에서 쉽게 벗어나지 못하는 이유는 사실 다른 방법을 시도했을 때 실패할까 봐 두려워하기 때문이다. 물론 일관성을 유지하면 최소한 예측이 가능하고 따라서 크게 실패하지 않는다는 안정감을 확보할 수 있다. 하지만 여기에서 실패에 대한 관점을 바꾸어 '새로운 학습 데이터'로 여긴다면 이때부터 실패에 대한 인식이 바뀌기 시작한다.

'학습된 무기력'이라는 말을 들어보았을 것이다. 여러 번 반복적으로 통제가 불가능한 상황에 처하거나 스트레스를 받으면 '내가 뭘 해도 변하는 게 없구나!'라고 생각하게 되는데, 이것이 바로 학습된 무기력이다. 그런데 이와 정반대 개념도 존재한다. 바로 '학습된 낙관주의'다. 예를 들어 '실패했다고 끝난 건 아니잖아?', '이번의 사소한 실패를 통해 더 많은 것을 배웠어!'와 같은 방식으로 생각하는 것이다. 이렇게 하면 일관성에서 벗어나는 새로운 시도를 하더라도, 그에 따르는 두려움에서 벗어날 수 있고, 유연성을 확보할 수 있게 된다.

네덜란드 속담에 이런 말이 있다.

"바람이 불 때, 어떤 사람은 벽을 쌓고 어떤 사람은 풍차를 만든다."

이 말은 우리가 일관성을 벗어날 때, 과거와는 전혀 다른 결과가 생겨난다는 사실을 잘 보여준다.

승자는 꼼수에 능하다

정공법을 더욱 효율적으로 만들어주는 잔머리의 활용

"장수가 지략 없이 용맹하게 싸우기만 한다면,
오히려 적에게 죽임을 당할 수 있다."

『손자병법』

우리는 도덕이나 정의, 진실의 우월성에 집착하고 그것을 높게 평가한다. 비록 누군가 아주 많은 돈과 명예가 있더라도 도덕적이지 못하면 비난하고, 차라리 그런 것이 없더라도 도덕적인 우월성이 있는 것에 자부심을 느낀다. 정의나 진실도 마찬가지다. 흔히 '정의는 끝내 승리한다'라거나 '진실은 반드시 밝혀진다'라는 말을 한다. 매우 당연한 말이라고 여겨지지만, 여기에도 문제가 있다. 정의가 '끝끝내' 승리하기 전까지는 악이 일정 기간 승리를 점유한다는 이야기고, 진실이 완전히 밝혀지기 전까지는 거짓이 진실을 대체하기 때문이다. 도덕적 우월성도 마찬가지다. 비록 그들의 비도덕성을 비난할 수는 있어도, 현실에서 내가 돈과 명예가 많지 않은 것은 어쩔 수 없는 사실이다.

병법서도 비슷한 관점을 가지고 있다. 단 한 번의 전쟁으로 수많은 병사가 죽고 나라가 점령당할 수도 있는 상황에서 '우리가 도덕적으로 우월하다'거나 '우리는 결국에는 승리할 것이다'라는 말은 신념으로서는 가치가 있지만, 현실에서는 무기력할 뿐이다.

정正과 기奇, 그 오묘한 승리의 법칙

군대라면 당연히 용맹함이라는 덕목이 제일 중요하다고 여길 수 있다. 용맹勇猛이란 '용감하고 사납다'는 뜻이다. 군대가 가져야 할 최고의 덕목이다. 두려움 없이 적진으로 쳐들어가고, 사납게 전투하는 모습이야말로 가장 이상적인 전투 부대의 모습이다. 그런데 오히려 병법서는 그렇게 생각하지 않는다. 그저 장수가 가져야 할 하나의 덕목일 뿐, 그 자체가 중요한 것은 아니라는 점이다.

무릇 군대를 통솔하는 자는 만 명의 우두머리다. 그러므로 용맹함 하나에만 홀로 의지해서는 안 된다. 대개 용맹하기만 한 자는 반드시 가볍게 적과 교전하기 마련이다. 이익과 손해를 알지 못한 채 가볍게 싸우는 것은 결코 옳지 않다.

『오자병법』

(장수가 지략 없이) 죽기를 각오하고 용맹하게 싸우기만 한다면, 오히려 적에게 죽임을 당할 수 있다.

『손자병법』

그렇다면 이 용맹함에 부가해 무엇이 더 필요할까? 병법서가 제안하는 여러 개념 중에서도 매우 눈여겨보아야 할 것이 바로 '정正'과 '기奇'다. 여기에서 정은 기본 실력에 의한 정공법을 말한다. 원칙에 따른 부대의 운영, 체계적인 대오의 형성을 의미하며 승리를 향한 열망이라는 마음 자세도 포함될 수 있을 것이다. 반면 기는 변칙적 전투의 기술이다. 허를 찌르는 전략이나 예상치 못한 공격 방법이다. 기는 흔히 말하는 '잔머리'나 '꼼수'라고 할 수 있다. 매복이나 속임수, 급습, 도망가는 척하다가 반격하기 등의 방법이다. 이 정과 기는 각각 동일한 중요성을 갖는다고 볼 수도 있지만, 실제 그 방점은 기에 찍혀 있다.

> 싸움은 정正으로 마주하고, 승리는 기奇로써 쟁취한다.
>
> 『손자병법』

정이라는 기본기로 맞서는 것은 가능하지만, 결국 승리의 결정적인 카드는 기가 결정한다는 말이다. 그런데 흥미로운 사실은 이 정과 기가 완전히 분리되는 별개의 것이 아니라는 점이다. 때로는 정으로 유지되다가 느닷없이 기가되고, 기를 하다가 순간적으로 정으로 전환될 수도 있다.

> 전쟁의 형세는 기奇와 정正 두 가지에 불과하지만, 그 변화는 이루 다 헤아릴 수 없다. 기奇와 정正은 서로를 낳으며, 이는 마치 끝이 없는 고리를 순환하는 것과 같으니, 누가 그 끝을 다 알 수 있겠는가?
>
> 『손자병법』

심지어 병법서에서는 최고의 전투 방법을 '무엇이 정이고 무엇이 기인지 구분할 수 없는 상태'라고 말한다.

때로는 정공법보다 꼼수가 필요하다

이러한 꼼수로 승리하는 사례는 꽤 많이 찾아볼 수 있다. 어떤 면에서 보면, 고대의 전투에서 '명장'이라고 불리던 많은 장수는 사실 '꼼수의 달인'이라고 봐도 크게 무리는 없다.

제나라의 손빈孫臏은 방연龐涓이 이끄는 위나라 군대와 맞붙은 적이 있다. 평소에 방연은 제나라 군대를 '겁쟁이'라고 무시했다. 손빈은 방연의 이러한 인식을 잘 활용하기 위한 전략을 세웠다. 후퇴하는 모습을 보이면서 처음에는 10만 명의 밥 짓는 구덩이를 만들었다. 그리고 다음 날은 5만 명분, 그다음 날은 3만 명분으로 줄였다. 이 모습을 본 방연은 평소에 무시하던 '겁쟁이'들이 겁을 먹고 도망가면서 군사의 숫자가 계속 줄어든다고 판단했다. 그리고 정예 기병을 이끌고 무리하게 추격했는데, 결국 손빈의 매복 군대에게 전멸하고, 방연 자신도 자결하고 말았다. 밥 짓는 구덩이를 줄이는 방법은 정면으로 칼과 화살로 맞서는 정공법이 아니라, 지극한 꼼수가 틀림없다.

제갈량은 조조의 대군에 맞서기 위해 연합군을 구성한 적이 있다. 그런데 그 연합군의 전체 지휘관은 주유周瑜였다. 제갈량을 시기 질투한 주유는 "열흘 안에 화살 10만 개를 만들라. 그렇게 하지 못하면 군법으로 다스리겠다"는 명령을 내렸다. 이는 턱없이 무리한 명령이었고 불가능한 일이었다. 하지만 제갈량은 꼼수로 그것을 능히 해결해냈다. 그는 짙은 안개가 낀 날 지푸라기로 만든 인형을 가득 실은 배를 이끌고 조조군의 근처로 가서 북을 치며 도발했다. 조조군은 안개로 군대의 규모를 파악하기 힘들었다. 그래서 결국 무차별적으로 화살을 쏘았고, 그 화살들은 지푸라기 인형에 촘촘히 박혔다. 이후 배를 뒤로 물린 제갈량은 화살 10만 개를 뽑아 주유에게 바쳤다. 여기에 걸린 시간은 단 3일이었다.

영장류가 발전시켜온 사회적 속임수

우리는 꼼수나 잔머리를 다소 무시하는 경향이 있다. 탄탄한 기본 실력이 없는 사람이나 하는 얕은 수작이라고 여긴다. 물론 실제 그런 경우가 꽤 많다. 실력은 없고 어떻게 해서든 이기고 싶은 사람이 쓰는 수단이기도 하기 때문이다. 게다가 지속 가능성에서도 문제가 된다. 이 세상은 그리 호락호락하지 않아 꼼수로만 연명해나갈 수도 없다. 하지만 생각을 뒤집어보면 '정'이라고 할 수 있는 기본 실력, 열정, 성실함과 최고의 궁합이 바로 '기'라고 하는 꼼수와 잔머리다. 이 두 가지가 만나면 전례 없는 폭발적인 성장세와 승리의 길에 들어설 수 있다. 한마디로 강력한 시너지 효과가 생긴다는 이야기다.

예를 들어 실력이 뛰어난 직장인이 있는데, 성실하고 열정적인 사람이면서도 잔머리와 꼼수에 능하다고 해보자. 물론 타인에게 피해를 주지 않는다는 전제가 있어야 하지만, 만약 이렇게 정과 기를 능히 다룰 줄 아는 사람이 있다면 그의 앞길에는 그렇지 않은 사람보다는 훨씬 더 많은 성과가 기다릴 것이다. 성실과 열정을 기본으로 가지고 가지만, 여기에 꼼수와 잔머리까지 동시에 사용하면 일의 효율성은 급격하게 높아질 수 있기 때문이다.

앞에서 살펴본 손빈과 제갈량 역시 정통의 병법에 능한 최고의 전략가다. 하지만 그들도 결정적인 순간에는 꼼수와 잔머리로 승리를 쟁취했다. 어쩌면 그들이 꼼수에 능했기에 '탁월한 지략가'라는 평을 들을 수 있었을 것이다.

이제 꼼수나 잔머리를 너무 폄훼할 필요는 없다고 본다. 실제 인간이 속한 영장류는 '사회적 속임수'를 끊임없이 발전시켜왔다. 침팬지, 원숭이도 이러한 속임수에 능하고, 인간은 두말할 필요가 없다. 이것이 발전되어온 근본적인 동력은 에너지 소비를 최대한 줄이기 위해서다. 언제까지나 정공법을 쓰다가는 성공을 장담하지도 못한 상태에서 포기할 수밖에 없기 때문이다. 그 정도가 심하면 타인에게 피해를 주는 사기가 되지만, 정당한 노력과 실력이라는 정이 결합된다면 충분한 효과를 기대할 수 있다.

　정의나 진실도 마찬가지다. 정의를 추구하는 데서 꼼수를 사용하면 악이 승리를 점유하는 기간을 줄일 수 있고, 진실을 추구하는 데서 잔머리를 쓴다면 거짓이 진실을 대체하는 시간을 최대한 짧게 만들 수 있다. 그리고 이러한 방법은 악과 거짓이 일정 기간 승승장구할 때 발생할 수 있는 선량한 피해도 줄여줄 것이다.

장점이 많은 것도 단점이 된다

이로움과 해로움을 뒤바꿔버리는 또 하나의 변수

> "편안할 때 위태로움을 잊지 말고,
> 보존될 때 망할 것을 잊지 말라."
>
> 『오자병법』

물이 담겨 있는 그릇을 한쪽으로 기울이면 물도 한쪽으로 쏠린다. 왼쪽, 오른쪽 그 어느 쪽으로도 마찬가지다. 이러한 기울기와 치우침은 우리 사고의 흐름에서도 동일하게 적용된다. 보통 어떤 일이 나에게 이익이 되거나 장점이 된다고 생각하면, 머릿속은 온통 희망으로 가득해지고 그것을 얻기 위해 전력질주하기 마련이다. 반대로 어떤 사안의 단점을 보거나 나에게 손해가 된다고 생각하면 온통 문제투성이처럼 여겨진다. 그리고 이러한 것이 모여 때로는 '삶의 원칙'이 되기도 한다.

예를 들면 '나는 살면서 ○○○은 절대로 하지 않아'라거나 혹은 '나는 ○○○은 반드시 해'라는 원칙이다. 이런 원칙에 따라 자신의 삶을 질서정연하게 살아가는 것도 좋은 일이지만, 문제는 이익과 손해, 장점과 단점이라는 것이 그렇게 무 자르듯 딱 나뉘지 않는다는 점이다. 그보다는 '섞여 있다'라고 보는 것이 훨씬 정확하다. 따라서 이 섞여 있는 것 안에서 그것의 이익과 손해를 차분히 헤아려보고, 장단점을 함께 묶어 생각해보는 것이 판단과 행동을 할 때 매우 중요하다.

고정된 실체는 없다

세상에는 약속을 통해 맺어진 규칙이라는 것이 있다. 회사에서도 근무 규칙이 있고, 가족 사이에서도 암묵적인 규칙이 있다. '친구 사이에서도 넘지 않아야 할 선이 있다'는 말 역시 관계에서 지켜야 할 규칙을 말하는 것이다. 그런데 이런 규칙이 단 하나도 적용되지 않는 곳이 바로 전쟁의 현장이다. 여기에서는 그 어떤 규칙도 존재하지 않는다. 무엇으로 어떻게 공격하든 상관없고, 언제 공격하든 상관없다. 한마디로 무법천지, 법이라는 것이 존재하지 않는 세상이 바로 전쟁터다. 그런 점에서 '전쟁에는 처음부터 끝까지 끊임없는 변화 그 자체만이 존재한다'라고 말해도 과언이 아니다. 이러한 변화 속에서는 이익과 손해, 장점과 단점이라는 것을 명확하게 구분해 생각하기가 매우 어렵다. 매 순간의 변화에 따라 그것이 역동적으로 달라지기 때문이다.

『손자병법』에서는 이러한 변화에 따른 역동적인 상황을 표현하기 위해 '구변지리 九變之利'라는 말을 사용한다. 여기에서 구변이란 '아홉 가지 변화'를 뜻하는데, 실제로는 '무수한 변화'라는 의미다. 따라서 구변지리는 '무수한 변화에 따른 이로움'이라는 뜻이다.

이러한 용어를 쓰는 이유는 앞에서도 말했듯이 이로움이라고 판단되더라도 언제든 변화할 수 있으므로 단순하게 '이로움'이라고 하지 않고 '무수한 변화에 따른 이로움'이라고 한다. 이러한 맥락에서 '무수한 변화에 따른 해로움'이라는 말도 성립할 것이다. 결국 상황에 따른 판단이 있을 뿐, 고정된 실체로서의 이로움과 해로움은 존재하지 않는다는 이야기다.

장수가 구변지리에 통달하지 못한다면 비록 지형을 잘 안다 하더라도 지형의 이점을 능히 얻지 못할 것이다. 군대 운용에서 구변의 활용법을 모른다면 비록 몇 가지 이로운 점을 안다고 하더라도 군사력 운영의 요체를 얻지는 못할 것이다.

이 말은 곧 대상이나 사물을 생각할 때 지금 일어나는 변화, 그리고 앞으로도 있을 변화를 염두에 두고 봐야만 한다는 이야기다. 이러한 변화 속에서 파악되는 이로움이 진정한 이로움이며, 여기에서 알게 되는 해로움이 진정한 해로움이다. 따라서 이 둘을 분리해서 보지 말고, 섞어서 보는 방법을 권장한다.

그래서 지혜로운 자는 반드시 이로운 점과 해로운 점을 함께 고려하는 것이니, 이로움이 섞이면 그 해로운 것을 방지할 수 있고, 해로운 점이 섞이면 그 이로운 점으로 근심거리를 해결할 수 있다.

지금은 손해인 것도 나중에 보면 이익이 되기도 하고, 당장 이익이 되더라도 나중에는 손해가 될 수 있는 법이다.

때론 장점은 독이 된다

어떤 면에서 보면 우리의 삶도 전쟁과 마찬가지로 끊임없는 변화의 연속이다. 규칙이 존재한다고 생각하지만, 그런 규칙이 무너지는 일은 순식간에 벌어진다. 회사의 규칙도 인간관계에서의 규칙도 마찬가지다.

10년 전만 해도 '재택근무'란 매우 생소했고, 있을 수 없는 일이라고 여겼다. 회사 입장에서도 상상하기 어려웠다. 하지만 지금은 재택근무가 너무도 일상화되어 과거의 규칙이라는 것도 순식간에 무너졌다. 인간관계에서도 '선배님의 소중한 조언'이 언제부터인가는 '꼰대질'이 되어버렸다. 최첨단 기술에 따른 세상의 변화에 대해서는 두말할 필요가 없다.

이제까지 자신의 장점이라고 생각한 것, 혹은 자신에게 이로움을 주는 존재나 환경이 언제 단점과 해로움으로 전환될지 모르는 일이다. 따라서 인생이 순항한다고 여길 때도 언제나 미래에 대한 대비를 놓쳐서는 안 되고, 지금 잘 풀리지 않는다고 해서 노력을 포기하거나 섣불리 그만둘 일도 아니다.

『오자병법』은 이렇게 이야기한다.

편안할 때 위태로움을 잊지 말고, 보존될 때 망할 것을 잊지 말라.

　자신이 매우 뛰어난 능력이 있고, 그것을 통해 사회적으로 남들보다 잘나간다고 한들, 때로는 독毒으로 작용할 수 있다. 전국시대의 한비韓非는 매우 뛰어난 통찰력과 논리력으로 군주와 그 통치술을 설파한 인물이다. 진시황은 그의 글에 감탄하며 "천하의 군주술을 논할 자는 이 사람뿐이다"라고 칭찬할 정도였다. 하지만 또 다른 권력자인 이사李斯는 진시황에게 한비의 재능이 군주에게는 위협이 될 것이라고 말했고, 결국 한비는 옥중에서 독약을 마시고 죽는 비참한 최후를 맞이했다. 이는 뛰어난 능력이 주변의 질투심을 불러일으키고, 그 이로움이 해로움으로 변한 전형적인 사례라고 할 수 있다.

　사람의 성격에서도 마찬가지 현상이 벌어진다. 심리학자 제이슨 피어스Jason R. Pierce와 허먼 애그니스Herman Aguinis는 연구를 통해 '너무 많은 장점의 효과Too Much of a Good Thing Effect'라는 개념을 제시했다. 모든 긍정적인 특성은 일정한 수준의 임계점을 지나면 오히려 해로운 결과를 초래한다는 것이다. 예를 들어 너무 성실한 사람은 새롭고 낯선 것을 받아들이기 쉽지 않고, 너무 강한 자신감으로 무장하면 사소한 실수가 이어지고 결국 큰 실수가 생길 수도 있다.

또한 유연하게 사고하는 과정에서 우리는 조금 더 똑똑해질 수 있다. 계속해서 변화하는 상황과 환경에 적응하면서 자신의 생각과 행동을 바꿔나가면, 우리 두뇌가 더욱 활발하게 작용한다는 것이다.

승자는 때를 놓치지 않는다

위기 감지, 빠른 결단, 과감한 도망이 필요하다

"적국을 토벌해 응징해야 할 경우에
토벌하지 않으면 적국이 강성하게 됩니다."

『육도』

세상의 모든 일에서 타이밍은 더할 수 없이 중요하다. 일반적으로 타이밍이라고 하면, 무언가 틈이나 기회를 노리다가 적절한 때에 재빨리 움직여 그것을 쟁취해내는 모습을 연상한다. 그것도 제대로 된 타이밍의 한 종류라고 할 수 있지만, 타이밍은 생각보다 여러 가지 얼굴을 가지고 있으며, 또 무엇인가를 쟁취하기 위해서만 필요한 것은 아니다. 나아가 앞으로 전진하는 일뿐만 아니라, 재빠르게 포기하고 도망가는 것도 타이밍의 일종이다.

그뿐만 아니라 타이밍 timing에는 '시간 time'만 중요한 것이 아니라 적절한 대응 방식, 곧 '어떻게 how to'도 매우 중요한 문제라고 할 수 있다. 따라서 시간적인 차원에서의 적절한 선택이 타이밍의 전부가 아니라 그 시간에 무엇을 어떻게 하느냐도 전반적인 타이밍의 개념에 포함된다. 병법서에도 자주 등장하는 타이밍에 대한 지혜를 공부하다 보면, 내 삶에서 어떤 타이밍을 노릴지에 대한 통찰도 함께 얻을 수 있다.

위기의 징후를 판단하는 타이밍

오늘날의 우리도 타이밍을 중요하게 생각하듯, 늘 전쟁을 수행하던 장수도 타이밍에는 매우 민감했다.

> 적을 알고 나를 알면 승리를 거두는 데 위태로움이 없고, 나아가 천시 天時와 지리까지 알 수 있으면 승리는 가히 온전해지는 것이다.
>
> 『손자병법』

과거의 천시天時는 낮과 밤, 추위와 더위, 농번기나 장마철 등 시시각각 변하는 시간과 계절 중 전쟁에서 승리를 거두기 위한 최적의 시간을 말한다. 그러니 오늘날 현대적인 의미에서는 '타이밍'이라고 표현해도 전혀 무리가 없다. 객관적인 실력이나 능력 이외에도 '시간'이 중요하다는 점에서는 천시나 타이밍이나 거의 동일하다고 볼 수 있기 때문이다.

기회를 틈타 내가 원하는 것을 쟁취하는 전통적인 의미의 타이밍은 상대방이 불리한 상황에 처했을 때를 노리는 행위를 말한다. 『오자병법』에서는 '무조건 이기는 승리'에 대해 말하는데, 그 면면이 모두 타이밍과 관련된다. 적이 위치한 형세가 험하고 늦지라 움직임이 불편할 때, 적의 대오가 흐트러지고 기강이 무너졌을 때, 적의 사기가 떨어지고 겁을 먹었을 때, 적의 장수가 지혜롭지 못하고 판단이 흐릴 때 등이다. 특히 이런 상황에서는 적군의 수가 많고 아군의 수가 적더라도 반드시 쳐서 이길 수 있다고 조언한다.

결국 병법서에서의 타이밍이란, 혼란하고 불안하고 안정되지 못한 위기의 징후를 읽어내는 일이라고 할 수 있다. 곧 '언제 공격해야 할까?'라는 단순한 시간 개념이기보다는 '상대가 언제 틈을 보이면서 불리한 상황에 처하는 가?'를 집요하게 파악하고 그것을 통해 나의 승리를 점치는 일이다.

또한 이는 반대로 나에게도 적용된다. 나 역시 언제든 힘들고, 불편하고, 기강이 무너질 때가 있다. 또는 겁을 먹거나 불안정하고 판단이 흐려질 때도 있는 법이다. 따라서 나의 위기의 징후를 파악하고 그 상황을 반전시킬 계획을 세우는 것 역시 타이밍에 해당한다. 곧 더 넓은 의미의 타이밍이란, 상대는 물론이고 내가 처한 위기의 징후를 파악하는 것이라고 할 수 있다.

결단력으로서의 타이밍

또 하나의 타이밍이란 '결단력으로서의 타이밍'이라고 할 수 있다. 예를 들어 내가 특정 시점에 결단을 내려 해야 할 것을 하지 않으면 상황은 더욱 악화하고 그 피해는 고스란히 나에게 돌아온다. 따라서 이 역시 타이밍에 맞춰 해내야 하는 것이다

군왕이 화내야 할 경우에 화를 내지 않으면 간신이 나쁜 마음을 품게 되고, 죽여야 할 경우에 죽이지 않으면 역적이 반란을 일으키려고 계획하게 되며, 적국을 토벌해 응징해야 할 경우에 토벌하지 않으면 적국이 강성하게 됩니다.

『육도』

이러한 '결단력으로서의 타이밍'은 앞에서 이야기한 '어떻게'에 해당하는 내용이기도 하다. 따라서 간신을 제어하기 위해서는 '화'를 내고, 역적에게는 '죽음'을 내려야 하고, 적국에는 '응징'이라는 최적의 방법으로 대응해야 한다는 이야기다.

우리의 인간관계에서도 반드시 말해야 할 때 침묵하면 오해가 생기고, 그 오해가 계속 쌓이면 불만이 된다. 그러니 사과해야 할 때 사과하고, 고맙다고 말해야 할 때 고맙다고 말해야 한다.

또한 분명히 끊어내야 하는 관계라는 판단이 들면서도 끊지 못하는 경우도 있다. 이럴 때는 끊임없이 자신을 괴로운 관계에 머물게 하며 그것으로 자기 자신을 괴롭히고 감정이 소모된다. 참는다고 문제가 사라지지 않으며, 이해

한다고 해서 상대가 변하지도 않는다. 이런 상황이라면 제대로 된 타이밍을 잡고 그에 걸맞은 방법으로 대응해야만 문제가 해결될 수 있다.

그런데 병법서에서는 이러한 강력한 대응을 극한으로 끌어올리는 내용도 있다. 그것은 바로 '필요할 때라면 사람도 죽일 수 있다'는 점이다.

> 사람을 죽임으로써 더 많은 사람을 편안하게 할 수 있다면, 죽이는 것도 괜찮다. 그 나라를 공격하되 그 백성을 사랑하는 마음으로 한다면, 공격하는 것도 괜찮다.
>
> 『사마법』

물론 현대적 기준으로는 도저히 상상할 수 없고 있어서도 안 되는 논리이지만, 상대를 죽이지 않으면 내가 죽는다는 전쟁이라는 배경에서 보면 어쩔 수 없는 일이기도 하다. 중요한 점은 타이밍이 온전히 힘을 발휘하려면 결국 시기에 맞는 적절한 대응과 그것을 위한 결단이 하나가 되어야 한다는 점이다.

도망갈 타이밍도 잡아야 한다

타이밍의 개념에 포함되어야 할 또 하나의 중요한 내용은 바로 '적절한 때에 도망가기'이다. 도망가기는 다소 비겁해 보이기는 하지만, 전쟁을 치르는 과정에서 매우 효과적으로 운용되어야 할 전략이기도 하다.

> 적과 전력이 대등하면 싸우고, 적보다 병력이 적으면 도망쳐야 하며, 적보다 약하면 피해야 한다.
>
> 『손자병법』

> 적의 무리가 멀리서 오느라 세력이 미치지 못하고 굶주렸을 때는 공격해야 한다. 반대로 우리가 그런 불리한 상황에 처해 있다면 마땅히 피해야 한다.
>
> 『오자병법』

흔히 '타이밍'이라고 하면 기회가 생겼을 때 거침없이 파고드는 모습을 연상한다. '타이밍을 노린다'는 말에서 알 수 있듯, 거칠면서도 도전적이다. 하지만 '타이밍에 맞춰 도망가야 한다'는 병법서의 조언을 통해 상황을 냉정하게 인식하고 언제든지 포기하고 도망가는 것도 타이밍의 일종이라는 사실을 알 수 있다. 결국 우리가 염두에 두어야 할 타이밍은 내가 처한 위기의 징후를 파악하는 일, 그리고 강한 결단력을 발휘하는 일, 더 나아가 빠르게 도망가는 일도 포함된다.

칼에도 여러 종류가 있다. 주방용 칼뿐 아니라, 톱니 모양의 빵칼, 무게감 있는 중식도, 칼날에 구멍이 뚫린 치즈칼도 있다. 타이밍도 여러 종류라는 점을 염두에 두고, 칼을 바꿔 사용하듯 타이밍도 바꿔 써먹어야 한다.

병법서에서는 타이밍을 잘 잡기 위한 하나의 환경 설정에 대해서도 이야기해준다. 『육도』에는 문왕文王이 "영토를 지키려면 어찌해야 합니까?"라고 묻는 장면이 등장한다. 그 대답 중에 다음과 같은 내용이 나온다.

> 깊은 골짜기의 흙을 파내어 높은 언덕을 더 높게 하는 일과 같은 쓸데없는 일 따위를 하지 않아야 하며, 근본적인 것을 놓아두고 지엽적인 것을 다스리는 일을 하지 말아야 합니다. 비질을 하려면 밝을 때 하고, 칼을 빼었으면 반드시 잘라야 하며, 도끼를 잡았으면 반드시 내려쳐야 합니다.

한마디로 '뻘짓'을 하면서 시간과 체력을 낭비하지 말라는 뜻이며, 기회가 오면 반드시 실행해야 한다는 의미다. 만약 우리가 쓸데없는 일에 매몰되고 지엽적인 것에 매달린다면 적절한 타이밍이 왔을 때 그것을 알아볼 수도, 활용할 수도 없기 때문이다. 따라서 타이밍을 제대로 잡으려면 비어 있는 시간, 여유 있는 시간을 확보하고 본질에 집중하는 과정을 거쳐야 한다. 칼이나 도끼를 하루 종일 들고 어슬렁거려봐야 힘만 들 뿐, 결국 원하는 것을 이뤄내기는 힘들다. 그보다는 하루 종일 빈둥거리다가 칼과 도끼를 집어 드는 순간, 재빠르게 자르고 내리친다면 훨씬 효과적인 결과를 얻을 수 있다.

나를 이기려면 나를 벗어나라

외부와 싸우기 전에 반드시 해내야 하는 첫 번째 승리

"자신의 몸이 바르면 명령하지 않아도 행해지고,
자신의 몸이 바르지 못하면 명령을 내려도 따르지 않는다."

『울요자』

그 수위는 다르지만, 누구라도 일정하게 '자신과의 싸움'을 한다. 또 '자기 자신을 이기는 사람이 진정한 강자'라는 말의 의미도 잘 알 것이다. 그런데 여기에서 도대체 '나와 싸운다', '나를 이긴다'는 말은 어떤 의미일까? 그냥 나를 억제하고, 참는다는 의미일까? 혹은 게을러지고 싶은 나와 대결해 인내하면서 애초의 계획을 끝까지 수행해낸다는 의미일까? 물론 이런 행위도 포함될 수 있다. 그런데 이렇게 억제하고, 참고, 인내하는 일은 매우 어렵고 힘든 일이다. 머리로는 그렇게 하고 싶어도, 막상 바쁜 일상을 살아가다 보면 이렇게 나와 싸우는 일 자체가 자신을 지치게 하기도 한다. 그렇지 않아도 일과 싸우고, 주변 사람과 상대를 설득하기 위해 보이지 않게 싸워야 한다. 그런데 이런 상황에서 나하고도 싸워야 한다니.

하지만 그것이 힘든 일이라는 것과는 별개로, 병법서에서도 자신과의 싸움은 매우 강조하는 항목이다. 승리는 크게 두 가지로 나뉘는데, 하나는 외승外勝이고, 또 하나는 내승內勝이다. 한자의 뜻 그대로 외승은 외부의 적과 싸워 거두는 승리이고, 내승은 내부와 싸워 얻는 승리, 곧 '나와의 싸움'에서 얻는 승리다. 여기에서 가장 중요한 것은 물론이고, 최종적인 결과를 좌우하는 것은 결국 내승이라고 할 수 있다.

다스림의 목적

왕이 나라를 다스리는 궁극적인 목적은 적국과 전쟁을 하기 위해서가 아니다. 가장 중요한 목적은 뭐니 뭐니 해도 나라가 잘 돌아가게 하고, 백성을 편안하게 하는 일이다. 그다음이 바로 그 백성을 편안하게 하지 못하는 적국이 있다면, 그들과 싸워야 한다는 점이다. 그러니 내승이 첫 번째 목적이며, 외승은 그다음에야 할 일이다. 만약 적국하고는 잘 싸워 계속해서 영토를 늘려가지만, 백성을 편안하게 하는 내승을 이뤄내지 못한다면? 그 나라가 온전하게 지속될 리 없다.

개인도 마찬가지다. 자기 자신을 잘 다스리는 사람은 늘 안정되고 편하지만, 그렇지 못하면 결국 다른 사람과 다투는 일에 골몰하게 된다. 『육도』는 이렇게 말한다.

> 성인이 천하를 다스리는 목적은 백성을 안정시키려는 데 있으며, 현인이 나라를 다스리는 목적은 백성을 올바르게 인도하는 데 있습니다. 그러나 어리석은 사람은 자기 자신을 바로 잡지 못해서 다른 사람과 다투게 되는 것입니다.

이러한 원리는 군대 내에서 장수와 병사의 관계에도 그대로 적용된다. 장수가 먼저 자신을 바르게 하지 않으면, 병사와의 관계도 올바르게 설 수 없다고 말한다.

자신의 몸이 바르면 명령하지 않아도 행해지고, 자신의
몸이 바르지 못하면 비록 명령을 내려도 따르지 않는다.

『울요자』

　여기에서 '몸이 바르다'라는 말은 단순히 외견상, 혹은
신체적으로 단정한 모습을 취하는 것은 아니다. 말 그대로
장수가 모든 생각과 행동 면에서 올바름을 유지하고 자기
관리를 잘하는 것을 의미한다. 이러한 자기 관리는 사회생
활에서의 위상과 권위를 결정하게 된다. 자기 관리를 잘하
는 사람이 하는 말과 전혀 그렇지 못한 사람이 하는 말은
그 권위의 정도가 완전히 다르다. 그 누가 자기 관리도 제
대로 못 하는 사람의 말을 믿고 따르겠는가? 결국 나라를
다스리는 왕이나 병사를 다루는 장수, 그리고 개개인 역시
내승은 반드시 이뤄내야 하는 것이며, 다른 모든 싸움을
풀어내는 첫 단계의 승리이기도 하다.

단합과 정합성

　그런데 내승의 매우 중요한 원칙은 엄격히 명령하고, 강

하게 억제하는 일이 아니다. 그보다는 오히려 '단합과 일사분란함'에 훨씬 가깝다. 병법서에서는 이러한 덕목을 전쟁의 승리를 위한 필수 요건으로 꼽는다.

> 첫 번째, 나라가 단합되어 있지 않으면 군대를 출군시켜서는 안 되며, 두 번째, 군이 단합되어 있지 않으면 부대를 출진시켜서는 안 됩니다. 세 번째, 진영이 단합되어 있지 않으면 나아가 싸우게 해서는 안 되며, 네 번째, 전투에 임하여 일사불란하지 않으면 결전을 해서는 안 됩니다. 이 때문에 정치를 잘하는 군주는 장수를 등용하거나 백성을 다스릴 때 먼저 단합을 이루고 나서 국가 대사를 도모한 것입니다.
>
> 『오자병법』

결국 외부와의 치열한 전투에 앞서 반드시 내부의 단합으로 하나가 되어야 하며, 그것이 바로 외부와의 전투에서 가장 강력한 힘의 원천이 될 수 있다. 서로 믿음과 신뢰로 결합되고, 왕이나 장수의 명령이 일관되고 확실하게 관철된다면 이것이 바로 최강의 수준이라고 할 수 있다.

이를 개인적인 영역에서 풀어보면, 그것은 곧 자신의 일이나 생활에서 확실한 목표가 있으며, 그것을 추구하는 분명한 기준과 원칙이 있는 상태, 그리고 이를 가능하게 하는 열정과 외부적 환경이 모두 일괄적으로 잘 갖추어진 상황이라고 할 수 있다. 곧 부실하거나 약한 부분을 최소화하고, 이것으로 실수가 생기지 않도록 단단하게 대비하고 조이는 일이다. 이런 상황에 놓여 있다면 외부에서 어떤 일이 생기더라도 충분히 감당할 수 있고, 또 빠르게 회복할 수도 있다. 결국 내승을 한 상태라면 충분히 외승을 해낸다는 이야기다.

그러나 이런 부분이 제대로 되어 있지 않은 사람은 쉽게 휘둘리고, 넘어지고, 다시 일어나는 데에도 시간이 걸릴 수밖에 없다. 자신이 무엇을 위해 살아가는지, 그것을 위해 어떤 기준과 원칙을 세울지, 심지어 열정도 없고 환경도 구축되지 않은 상태에서 외승을 하기란 불가능에 가깝다.

끊임없이 덜어내는 소소익선의 자세

내승을 위해 또 하나 중요한 점은 바로 최적화된 정신적 미니멀리즘을 추구하는 것이다. 불필요한 것이 많으면 집중력이 분산되고 에너지를 갉아먹게 마련이다. 군대에서도 내부에 분열, 편가르기, 신경전 등이 많으면 적과의 싸움에 집중할 수 없다. 불필요한 것이 전투력을 분산시키기 때문이다. 개인의 경우에도 번민이나 미련, 망설임, 시간 낭비 등이 일상생활에 퍼져 있다면 이 역시 자신의 에너지를 분산시킨다. '많으면 많을수록 좋다'는 다다익선多多益善이라는 말도 있지만, 내승을 하기 위해서는 불필요한 것은 적으면 적을수록 좋은 소소익선少少益善, 최적화된 미니멀리즘을 추구해야 한다.

다만 이렇게 하려면 꼭 필요한 것이 있다. 그것은 바로 홀로 있는 침묵의 시간이다. 그 안에서 우리는 세상의 번잡함을 줄이고, 불필요한 것을 가차 없이 덜어내면서 더욱 정교한 내승을 이어나갈 수 있게 된다.

고대 로마의 장군 스키피오 아프리카누스Scipio Africanus는 로마가 낳은 위대한 군사 영웅이자 탁월한 전략가다. 그는 심지어 한니발을 상대로 유일하게 전투에서 승리해 조국 로마를 멸망의 위기에서 구한 인물이기도 하다. 하지만 그는 군대만 잘 운용하거나 용맹하기만 한 사람이 아니다. 싸워야 할 때와 싸우지 않아야 할 때를 잘 판단했고, 승리한 이후에도 오만해지지 않은 것으로 유명하다. 어떻게 보면 외승을 이뤄내기 전에 이미 자기 스스로의 내승을 이뤄낸 사람이다. 그런데 그가 중요한 결정을 내릴 때마다 한 행동이 있다. 그는 중요한 결정을 내리기 전에는 늘 로마 언덕에 있는 주피터 신전을 찾아 꽤 오랜 시간 동안 홀로 있었다. 사람들 사이에서 '스키피오가 신과 대화한다'라는 풍문이 퍼지기도 했고, 또 누군가는 '스키피오가 신에게 계시를 받는 듯한 인상을 심는 고도의 심리전을 펼쳤다'고 평가하기도 했다. 하지만 그 무엇이 되었든 간에, 신전에서 그런 시간을 보낸 그는 이후 강인한 결단으로 일에 집중했고 자신의 결정을 밀어붙여 끝내 성공에 이르렀다. 훗날 그를 평가하는 이런 말이 있다.

"그는 한가할 때 오히려 가장 바쁘며, 혼자 있을 때 오히려 가장 덜 외롭다고 말했다."

이러한 침묵과 고요의 시간은 내승을 위한 힘을 모으기에 매우 적합하다. 자기모순이 생기는 부분을 발견해 수정하고 불필요한 것을 숙고하고 덜어내면서 성장할 수 있기 때문이다.

'나와의 싸움'이란 나의 부정적인 면을 적으로 상정하고 '누가 이기나 해보자'라는 전투적인 자세를 갖는 일이 아니다. 오히려 내면의 상태를 최적화하고, 그 과정에서 불필요한 것을 덜어내는 일이다. 어떤 면에서 보면 이는 기존의 나에게서 벗어나 탈출하는 것을 말한다. 그리고 이러한 과정에서 침묵 속에서 자기 자신과 끊임없이 대화한다면 이것이야말로 진정한 자기 자신과의 싸움, 곧 내승을 이뤄내는 방법이 되어줄 것이다.

감정 관리에서 이기는 구조

감정을 이해하고 받아들이되,
대응 방식은 조절해야 한다

intro

감정이 없는 사람은 없지만, 그 감정만 따라가는 사람은 매우 위험한 길로 접어들 수밖에 없다. 감정은 점성이 매우 높은 늪과 같다. 빡빡해서 서서히 빠져들어가기는 하지만, 오히려 빡빡해서 한번 빠지면 헤어나오기는 더욱 힘들다. 처음에는 한두 번 스치듯 지나던 감정이 어느 순간 내면을 지배하기 시작하면, 생각보다 오래가고 깊게 침잠하게 된다. 이렇게 감정에서 쉽게 빠져나오지 못하는 이유는 감정이 매우 자연스럽게 생기는 것이라고 여기기 때문이다. 자연스럽기에 거부할 수 없고, 거부할 수 없기에 마치 물을 뒤집어 쓰듯 젖어들 수밖에 없다. 물론 감정의 긍정적인 차원도 분명 있지만, 심지어 긍정적인 감정도 계속되면 그게 오히려 이상한 일이다. 즐거운 감정마저 반드시 다시 차분해져야 하며, 그것이 계속되면 조증에 불과하다.

이제 감정에 대한 태도를 달리해야 한다. 자연스럽게 생기는 것이니 그 발생은 어찌할 수 없다고 하더라도, 상황이나 사건에 대한 대응방식은 인위적으로 조절해야 하는 것이다. 마음챙김 명상의 대가로 불리는 존 카밧진Jon Kabat Zinn은 이런 말을 했다.

"감정은 우리가 타는 파도와 같다. 우리는 파도가 오는 것을 막을 수는 없지만, 어떤 파도를 탈지는 선택할 수 있다."

진정으로 현명한 사람은 감정이 시키는 대로 행동하는 사람이 아니라, 자신의 감정을 조절하며 대응방식을 달리하는 사람이다.

적을 내 사람으로 만들어라

인간의 적대감을 반드시 무너뜨리는 철의 법칙

**"전쟁을 잘하는 자는 남을 끌어들이지,
남에게 끌려다니지 않는다."**

『손자병법』

한국인에게 '간첩'은 매우 적대적인 이미지다. 남북이 분단된 상태에서 간첩은 곧 우리의 안전과 생명을 직접적으로 위협하는 존재이기 때문이다. 하지만 고대부터 현대에 이르기까지 병법의 세계에서 간첩의 존재는 매우 일반적이라고 해도 과언이 아니다. 상당수의 국가는 직접적인 위협을 가하는 적군은 물론이고 동맹국에도 간첩을 보내는 일이 당연했으며, 상대편 역시 동일한 일을 한다. 무엇보다 이 간첩의 활용은 고급 정보를 토대로 상대의 작전이나 의도를 일거에 무너뜨리는 효과적인 결과를 가져올 수 있다. 따라서 실질적인 무력을 강화하는 일도 중요하지만, 이 간첩을 얼마나 잘 활용하느냐에 따라 승패가 결정되기도 한다.

그런데 이러한 간첩을 운용할 때 가장 주목해야 할 부분은 '적의 간첩'을 '나의 간첩'으로 만드는 일이다. 한때 적군을 위해 일했지만, 이제는 우리 국가를 위해 일하게 한다면 이는 일석이조의 결과를 가져온다. 적군의 상황을 누구보다 잘 알고 있는 것은 물론이고, 거꾸로 거짓 정보를 적군에 흘려보냄으로써 아군에 유리한 상황을 유도할 수도 있기 때문이다.

이러한 일은 우리의 일상에도 충분히 적용해볼 수 있다. 나를 미워하거나 시기 질투하는 사람이 있다면, 오히려 그를 포섭해 내 편으로 만드는 일이다. 내가 미움의 대상이 되었다고 기분 나빠하거나 상대방을 싫어할 것이 아니라, 적의 간첩을 나의 간첩으로 만들듯 오히려 나에게 우호적인 사람으로 만들면 우리의 인간관계는 더욱 확장되고 풍요로워질 수 있다.

전쟁의 승패를 좌우하는 첩보전

병법서에서는 간첩의 중요성을 이렇게 말한다.

> 군대에서 처리하는 일 중에서 첩보 활동보다 더 친밀해
> 야 할 것이 없고, 포상함에 있어서 첩보 활동보다 더 후
> 하게 해야 할 것이 없고, 처리해야 할 일 중에서 첩보 활
> 동보다 더 은밀하게 해야 할 것이 없는 법이다.
>
> 『손자병법』

이 말은 곧 군대에서 가장 중요한 활동이 바로 간첩의 운용이라는 점이니, 그 유용성과 활용성은 가히 최상급이라고 봐도 무방하다. 간첩에는 5가지 종류가 있는데, 적군의 주민을 간첩으로 활용하는 향간鄕間, 적국의 벼슬아치를 간첩으로 활용하는 내간內間, 외부에서 거짓 정보를 꾸며 우리의 간첩이 적의 간첩에게 정보를 주는 사간死間, 적국에 잠입해 정보를 수집하고 살아 돌아와 보고하는 생간生間, 그리고 마지막으로 적의 간첩을 나의 간첩으로 만드는 반간反間이 있다. 『손자병법』은 간첩의 운용에서 가장 중요하고 첫 번째로 해야 할 것으로 반간을 지목한다.

하지만 반간을 만드는 일은 결코 쉽지 않다. 이미 그가 적국의 간첩이 되었다는 것은 그만큼 충분한 훈련을 받았다는 의미이며, 또한 자신의 국가에 대한 애국심과 충성심으로 무장했을 것이기 때문이다. 게다가 반간이 되었다는 사실이 들통나면 이제 남은 자신의 인생 동안 다시는 조국으로 돌아가지 못하게 된다. 하지만 이러한 엄청난 후폭풍이 있음에도 적의 간첩을 나의 간첩으로 포섭할 수 있는 방법은 매우 명료하다.

> 나를 정탐하러 온 적의 간첩을 반드시 찾아내어, 그를 붙잡아 두되 잘 먹이고, 안전한 숙소를 제공하여 편안하게 해준다. 그렇게 함으로써 그를 반간으로 만들어 부릴 수 있게 된다.
>
> 『손자병법』

> 귀한 보물을 뇌물로 주고 (…) 이익과 손해를 분명히 보여줍니다.
>
> 『육도』

이러한 방법은 한편으로 사람이 어떻게 자신의 신념을

무너뜨릴 수 있는지 잘 보여주는 대목이기도 하다. 누군가 아무리 훌륭한 애국심과 충성심으로 무장하더라도, 결국 잘 먹고, 잘 자고, 보물을 받고, 앞으로도 이익이 있을 것이라 생각하면 굴복하게 마련이다. 이는 또 한편으로는 인간을 움직이는 매우 간단한 원리이기도 하다. 모든 사람이 이러한 유혹에 자신의 신념을 꺾지는 않지만, '잘 대해주고, 이익을 주면 상대는 반드시 내 편이 된다'라는 것은 보편적 원리라는 점을 부인하기는 힘들다.

불안과 두려움의 제거

간첩이 한 나라를 무너뜨리는 역할을 한다면, 나를 미워하는 사람은 나를 무너뜨리려고 골몰한다. 그렇게 되면 그모든 피해는 이만저만이 아니게 된다. 일단 내 인생 자체가 피곤해진다. 직장에서, 가정에서 나를 미워하는 사람이 상존한다는 것은 그 자체로 지옥문이 열렸다고 할 수 있다. '저 사람이 무슨 말을 할까?', '혹시 지금 하는 말이 나를 공격하는 것은 아닌가?'라며 계속해서 신경이 곤두설 수밖에 없다. 그러다 보면 집중력이 떨어지고 늘 긴장하는 상태가 이어진다. 더 나아가 나에 대한 험담을 계속해서 퍼뜨려 평판도 나빠지게 한다. 직장 내에서의 평판 악화는 당연히 나쁜 결과를 초래하고, 가정 내에서의 험담은 나에 대한 신뢰를 떨어뜨리고 가족이지만 심리적으로 분리된 상태를 만든다. 이럴 때 우리는 반간의 방법을 이용해야 한다.

앞서 『손자병법』에서 우선 '좋은 음식을 잘 먹이고, 안전한 숙소에서 편안하게 해준다'는 내용은 '내가 너를 공격할 수도 있다'는 위험성을 제거하는 일이다. 이렇게 안정감을 주면 사람은 보통 날카로운 미움을 한풀 꺾게 된다. 사실 대부분의 미움은 두려움과 불안에서 비롯되는 경우가 많다. 저 사람 때문에 내가 위협받을 수도 있다는 마음이 역으로 미움으로 드러나는 것이다. 따라서 무엇보다 먼저 상대를 안심시켜야 한다.

두 번째로는 이익을 보여주는 것이다. 과거에는 보물을 뇌물로 주었지만, 현대에는 상대방에게 이익을 줄 수 있는 방법이 여러 가지 있다. 상대방을 우회적으로 칭찬하는 것, 프로젝트에서 중요한 역할을 맡기는 것, 상대가 한 부탁 이상의 열정과 성실성을 보여주는 것 역시 이익의 범주에 포함된다. 물론 이런 노력을 하더라도, 상대방이 순식간에 바뀔 것이라고 예상하기는 힘들다. 하지만 상대방이 나를 미워하는 상태를 방치하면 평행선을 달리게 될 뿐이며, 그 과정에서 어떤 심각한 일이 터질지 모른다.

또 한편으로 나를 미워하는 사람을 그대로 두는 것은 내가 계속해서 그에게 끌려다닌다는 의미이기도 하다. 끊임없이 신경을 써야 하고, 언제 무슨 일이 생길지 불안할 수밖에 없다. 그렇다면 이미 그 자체로 불리해지는 형국이라고 할 수 있다. 따라서 그것을 단호히 해결해야 하고, 내가 끌려다니지 않도록 해야 한다. 병법서는 이렇게 조언한다.

> 전쟁을 잘하는 자는 남을 끌어들이지, 남에게 끌려다니지 않는다.
>
> 『손자병법』

내가 상대에게 호의를 베푸는 것은 도덕적으로 행동하기 위해서만은 아니다. 오히려 상대방을 나의 판으로 끌어들이는 매우 전략적인 방법이기도 하다. 결국 나를 미워하는 사람을 내 친구로 만들 수 있는 것이 진짜 능력이며, 동시에 내가 나를 보호하는 방법이기도 하다.

상대가 자만해야 내가 이긴다

빈틈과 허점의 노출이 가져다주는 기만의 예술

> "적이 우리를 우습게 보고 대열을 흩트리며 전진해오면,
> 그때 정예병을 동원해 그들의 빈틈을 찌른다."
>
> 『오자병법』

가끔은 내가 별로 잘못한 일도 없는데, 상대방이 먼저 도발할 때가 있다. 이럴 때면 갑작스럽게 감정의 평온이 깨지고, 그것을 제어하기가 쉽지 않다. 자신 때문에 유발된 문제는 스스로 개입하고 잘 제어할 수 있지만, 상대방이 느닷없이 도발하면 예기치 못한 충격에 맞닥뜨리게 된다. 그런 점에서 내가 개입할 여지가 상대적으로 줄어들고 허둥지둥대기도 한다. 특히 이럴 때는 '대체 내가 뭘 잘못했다고 이래?'라는 억울한 감정과 반발심이 들면서 상황은 오히려 더 걷잡을 수 없게 된다.

　오래전 전쟁의 현장에서도 이런 일이 자주 발생했다. 적국이 모욕적인 언사나 국지적인 습격으로 아군을 도발하고, 이를 통해 아군을 혼란에 빠뜨리려는 경우가 많았기 때문이다. 때로는 거짓 정보를 흘려 판단력을 흐리게 하는 작전을 쓰기도 한다. 일상이든 전쟁이든, '내가 잘못한 게 없는데 상대가 도발해서 문제가 생기는 경우'는 얼마든지 있다는 이야기다.

임무를 완수하는 교묘한 방법

　여러 감정적인 문제 중에서 상대방이 도발하는 문제는 그 여파가 심각하고 다루기가 까다로운 것이 사실이다. 일단 억울하고 당혹스럽다. '나한테 왜 이래?'라는 생각이 들면서 오히려 강하게 대응하고 싶어지는 것이 사실이다. 또한 '왜 선을 넘지?'라는 느낌이 자연스럽게 들면서 자신의 인격이나 권리가 침해당했다는 생각도 하게 된다. 짜증을 넘어서는 비참함까지 느낄 수 있다. 이런 상황에서도 오랜 시간 수련한 도인처럼 화를 참고 가만히 있기는 쉽지 않다. 하지만 우리가 좀 더 전략적인 마인드를 갖추면 이를 충분히 수용할 수 있고, 더 나아가 역공할 기회도 자연스럽게 찾을 수 있다.

『손자병법』에서는 교능성사教能成事라는 방법을 제시하는데, 자신의 마음속에 이 키워드를 간직한다면 타인의 느닷없는 도발에도 순조롭게 대처할 수 있다. 교능성사의 의미는 '교묘하게 일을 성사시킨다'는 것이다.

> 전쟁을 할 때는 먼저 적의 의도에 따라 순순히 응해주는 척하다가, 때가 되면 힘을 한 방향으로 집중함으로써 천 리 밖의 적장이라도 죽일 수 있으니, 이를 일러 교묘한 방법으로 임수를 완수하는 것이라 하여 교능성사教能成事라고 한다. (…) 이런 까닭에 처음에는 처녀처럼 얌전하다가 적이 문을 열고 나오면, 열흘을 굶은 범이 풀려나 먹이를 향해 달려들듯이 신속히 공격해서 적이 미처 막을 겨를이 없도록 해야 한다.

여기에서 중요한 것은 '순순히 응해주는 척', '처녀처럼 얌전히 있다가'라는 태도다. 일단 이러한 위장 시간을 거쳐야만 마침내 힘을 한 방향으로 집중하고, 신속하게 공격할 수 있다는 점이다. 이러한 방법은 처음에는 지는 것처럼 보이고, 민감하게 반응하지도 못해 굼뜬 사람처럼 보일 수도 있다. 하지만 그 자체가 더 강한 반격을 위한 준비 단계일 뿐이다. 그래서 이것을 '교묘하게 일을 성사시킨다'라고 표현한다.

병법서의 이러한 조언은 타인의 도발로 인한 감정의 급발진을 막을 수 있는 훌륭한 방법이 된다. 일단 심정적으로는 불쾌하고 화가 나더라도 정면으로 받아치지 말고 한 걸음 물러설 수 있으며, 그 결과 상대의 페이스에 말려들지 않기 때문이다.

오히려 나의 빈틈을 보여주는 방식

나에 대한 도발은 언제든 일어날 수 있다. 회사 내에서 누군가 나를 저격하는 말을 퍼뜨린다거나, 혹은 은밀하게 나에 대한 악평을 흘리고 다니는 경우다. 게다가 상대방이 무례한 농담을 하면서 흔히 말해 찔러볼 수도 있다. 이때 너무 발끈하고 과도하게 반응하면 이는 상대의 페이스에 말려드는 것이라고 할 수 있다. 이럴 때마다 늘 염두에 둘

것은 바로 교능성사, 곧 처녀처럼 얌전히 있는 방법을 구사해야만 한다. 이렇게 하면 상대방은 자신의 도발이 잘 먹히지 않는다는 생각에 지레 포기하거나, 혹은 더 강한 도발을 하는 와중에 스스로 실수하게 된다. 특히 상대의 도발에 응하지 않으면서도 속으로는 그에 대한 구체적 대응 방법을 연구하고 구사할 수 있으니, 시간이 흐를수록 약해지는 것은 상대방이고, 강해지는 것은 나 자신이다.

그런데 병법서에서는 '한층 더 진일보한 교능성사'에 대한 지혜도 전해준다. 그것은 단지 상대의 도발에 순순히 응해주는 척하는 수준이 아니라, 아예 나의 빈틈과 허점을 일부러 노출하는 방법이다. 이렇게 되면 상대방은 기고만장의 수준에 이르게 되고, 결국에는 그러한 감정의 힘에 의해 스스로 자멸하는 경우도 흔하기 때문이다.

> 적의 군세가 당당하면, 먼저 나의 빈틈을 보여주어 적을 기세등등하게 하라. 적이 우리를 우습게 보고 대열을 흩트리며 전진해오면, 그때 정예병을 동원해 그들의 빈틈을 찌른다.
>
> 『오자병법』

적국의 군주가 좋아하는 일을 성취하게 해주어, 그의 뜻
을 맞춰주는 것입니다. 이렇게 하면, 그는 오만해져서 마
음대로 나쁜 짓을 하게 될 것입니다. 이를 잘 이용하면
반드시 그를 제거하게 될 것입니다.

『육도』

이렇게 전략적이고 의도적으로 자신의 약점을 노출하는
행위는 적극적인 공격 방법이기도 하다. 이를 잘 간파한
인물이 1800년대 초에 『전쟁론On War』을 집필한 카를 폰 클
라우제비츠Carl von Clausewitz다. 그는 이 책에서 기만Cunning을
매우 칭송한다. '상대방이 스스로 오류를 범하게 하여, 결
국 적이 스스로의 지성으로 우리에게 유리한 결정을 내리
게 하는 심리적 수단'이라고 보았다. 곧 상대방의 판단 실
수를 유도하고 그것을 역으로 이용하는 방법으로, 이러한
기만을 '예술'이라고 표현하기도 했다.

취약성의 힘

그런데 이 약점의 노출은 단순히 적을 무너뜨리는 방법

만이 아니라 평상시에는 나에 대한 호감을 유발하는 매력 포인트가 될 수도 있다. 미국의 사회심리학 연구자이자 작가인 브레네 브라운Brené Brown은 테드 강연에서 '취약성의 힘The Power of Vulnerability'이라는 개념을 제시하면서 세계적으로 유명해진 인물이다. 그녀는 많은 사람이 자신의 부족한 점을 숨기길 원하며, 이를 이루기 위해 많은 에너지를 소모한다고 말한다. 하지만 실제로는 자신의 부족함을 솔직하게 인정할 때 사람들 사이에는 더욱 강한 연대감, 혹은 연결감이 생긴다고 말한다. 또한 그렇게 자신의 부족한 점을 노출한 사람에 대해 '오히려 용기 있는 사람'이라는 이미지가 생긴다는 점이다.

미국의 사회심리학자 엘리엇 애런슨Elliot Aronson은 '실수 효과Pratfall Effect'를 연구했다. 그는 유능해 보이는 사람일수록 인간적인 빈틈이나 허점을 보였을 때 사람들은 그를 더욱 매력적으로 본다고 말한다. 다만 여기에서는 '유능해 보인다'는 전제가 있어야만 한다. 하지만 그럼에도 평균 이상의 수준으로 자기 관리를 열심히 하고, 일정한 실력을 유지한다면 실수나 부족한 점을 노출했을 때 그다지 부정적인 피해를 주지 않고 오히려 '인간적이다'라는 반응을 불러올 수 있다.

우리는 모두 강해 보이고 싶어 한다. 누군가 도발하면 즉각적으로 응징해 다시는 나를 우습게 보지 못하도록 하고 싶고, 또한 다방면에서 빈틈없는 사람처럼 보이고 싶어 한다. 하지만 그것이 이상적인 방법의 전부는 아니다. 때로는 순순히 응하는 척, 건드려도 반응하지 않고 얌전한 척 있는 것도 반격을 준비하는 결정적 시간이며, 경우에 따라서는 약간의 부족함과 허술함이 사람들과 긴밀한 연결을 만들어낼 수도 있는 법이다.

세상이 나를 돕게 하라

현명한 이타주의자가 이긴다

"천하를 이롭게 하는 자에게는 천하가 그 길을 열어주고,
천하를 해롭게 하는 자에게는 천하가 그 길을 막아줍니다."

『육도』

많은 조직이나 단체의 수장, 혹은 정치인은 '화합'이라는 말을 자주 사용한다. '소통과 화합의 장을 마련하자'거나 '화합의 손을 맞잡자' 같은 이야기다. 우리 모두 화목하게 어울리자는 말은 당연히 긍정적이기는 하지만, 다소 고루하게 느껴지기도 한다. 세상 사람 누군들 화합을 원하지 않겠는가? 하지만 막상 사적인 이익을 눈앞에 두고는 치열하게 다투고, 또한 여러 감정적인 요인으로 분열되는 것이 현실이다. 따라서 이 화합이라는 말은 '뜻은 좋지만 대체로 현실적이지 못한' 느낌이 드는 것도 사실이다. 하지만 아이러니하게도 냉정하기 이를 데 없는 병법서에서도 이 화합은 무척 강조되는 덕목이다. 화합은 구성원들 간의 감정에 불과할 수도 있지만, 그것이야말로 성공의 중요한 원동력이며, 내가 앞으로 나아가고 더 큰 사람이 될 수 있는 본질적인 뒷배경이 되어주기 때문이다. 더 나아가 병법서는 이 화합이라는 것을 '천하를 얻을 수 있는 힘'이라고까지 말한다. 도대체 화합에는 어떠한 힘이 있기에 이토록 강조할까?

화합이라는 거대한 에너지

하늘과 땅을 의미하는 천하天下라는 말에서 우리는 딱히 현실적인 감흥을 얻기는 쉽지 않다. 하늘은 하늘이고 땅은 땅일 뿐, 우리 개개인이 영토 확장에 나서는 왕이 아닌 다음에야 굳이 신경 쓸 필요가 없다고 여긴다. 그러나 고전에서의 천하는 단지 물리적인 공간만을 의미하지 않는다. 여러 가지 해석이 가능하겠지만, '수많은 사람이 만들어내는 거대한 에너지'라고 볼 수도 있다. 하늘 아래, 그리고 땅

위에 있는 수많은 사람과 사건, 그리고 사물이 내뿜는 에너지가 촘촘하게 하나의 그물망을 형성하며, 그것을 일컬어 '천하'라고 부르기 때문이다. 노자老子는 '통천하일기이通天下一氣耳'라는 말을 했다. 이는 '천하를 통하게 하는 것은 하나의 기氣일 뿐이다'라는 의미다. 노자가 보기에도 천하는 힘, 에너지라고 할 수 있는 기가 가득한 곳이다.

만약 직장이나 가정에서 그 구성원이 만들어내는 이러한 에너지가 나에게로 향하고 나를 떠받친다면 어떨까? 아마도 앞으로 걷게 될 나의 미래는 훨씬 더 탄력을 받을 것이고 강하게 치고 나갈 수 있을 것이다. 그것은 거대한 물결의 흐름과 순풍에 비유할 수 있다.

이러한 막강한 힘을 만들어내는 결정적 요인은 바로 사람들과의 '화합'이라는 감정에 있다. 나와 함께하는 사람들의 감정이 하나로 조화를 이루게 되면 그것 자체가 이미 거대한 에너지가 되며, 나를 떠받치기도 하고 반대로 나를 고꾸라뜨리기도 한다.

> 하늘의 때天時는 땅의 이점地利만 못하고, 땅의 이점은 사람의 화합만 못하다.
>
> 『울요자』

> 천하 사람들과 이익을 같이하면 천하가 화합하고, 천하
> 사람들과 이익을 다투면 천하가 분열됩니다. 화합하면
> 모여들고 분열되면 떠나가니, 모여드는 자는 승리하고
> 떠나가는 자는 패배합니다.
>
> 『육도』

따라서 천하의 에너지를 나에게로 향하게 하려면 결국 주변 사람들과의 화합에 심혈을 기울여야 하며, 그것이 이뤄지면 이제 다음과 같은 일들이 펼쳐진다.

> 천하를 이롭게 하는 자에게는 천하가 그 길을 열어주고,
> 천하를 해롭게 하는 자에게는 천하가 그 길을 막아줍니
> 다. (…) 이처럼 천하 만민들과 이해를 함께하면, 사람들
> 은 모두 일이 성공하도록 길을 열어줄 것이며, 길을 막는
> 자가 없을 것입니다.
>
> 『육도』

가히 거칠 것 없이 살아갈 수 있는 막강한 상태가 된다는 말이다. 모두가 내 일이 성공하도록 도와주고, 길을 막는 자가 없다면 이보다 더 좋은 상황이 어디에 있겠는가.

동고동락의 중요성

그렇다면 이러한 화합을 만들어내려면 우리는 어떻게 해야 할까? 그저 주변 사람들에게 친절하게 대하면 화합이 될까? 싸우는 일은 가급적 피하면서 서로 편안하게 해주면 될까?

하지만 이것만으로는 부족하다. 마음이 단단히 하나가 되는 일은 보통 쉬운 일이 아니라서, 그저 친절함과 편안함만으로는 달성되지 않는다. 오히려 화합은 그러한 것들로 만들어지지 않고, 정반대의 고통이 빚어내는 쓴맛을 통해 만들어진다고 봐야 한다. 한마디로 말하면 바로 동고동락同苦同樂, 함께 살아가면서 여러 고통을 나누고, 즐거움도 나눌 수 있을 때 결국 화합의 상태인 '한 몸', '한 마음'이 될 수 있다.

> 장수는 마땅히 병사들과 함께 추위와 배고픔을 겪고, 수고로움과 안락함을 같이해야 한다. 그래야만 군대가 한마음이 되어 적을 물리칠 수 있다.
>
> 『삼략』

장수가 병사들과 더불어 같은 곳을 바라보고, 같은 고통을 느끼면, 그 군대는 마치 한 사람의 몸처럼 움직이게 된다.

『울요자』

사실 사람과 사람 사이에는 끊임없이 마찰이 생기고 그 때문에 저항감이 상존하기 마련이다. 만난 지 얼마 되지 않은 사람에게는 경계를 멈추지 않고, 설사 만난 지 오래되었더라도 배신할까 봐 두려워한다. 하지만 이러한 마찰과 저항을 줄여주는 것이 있으니 바로 고통 속에서 상대방이 보여준 모습이다. 함께 배가 고플 때 상대가 어떻게 행동했는지, 모두가 추운 상태에서 상대방의 행동을 관찰하면서 진심을 느낄 수 있게 된다. 그리고 그 결과 화합이라는 최종 결과에 이르게 된다는 점이다.

오늘날 수많은 사람이 '화합'을 외치면서도 실질적으로 화합이 이루어지지 않는 이유도 바로 여기에서 찾을 수 있다. 그것은 바로 '함께 고통을 감수하는 과정'을 거치지 않았기 때문이다. 이러한 물리적인 바탕 없이 그저 "화합은 좋지 않아요? 우리 함께 화합해봐요"라고 아무리 말해도, 혹은 가정에서도 "가정은 화합해야 맞는 거 아니야? 우리도 화합해보자"라고 말해도, 실질적으로는 아무런 소용이 없다. 설사 이렇게 해도 사람들의 마음이 한순간에 환기되어 화합을 추구해보려고 생각할 수도 있지만, 그리 오래갈 수도 없고, 힘 있게 진행되지도 않는다. 오히려 점점 시간이 흐르면서 '결국 우리는 화합이 안 되나 봐'라는 또 다른 실망감을 느낄 가능성이 매우 크다. 그리고 결국에는 화합에 대한 의지 자체를 포기할 가능성도 높아진다. 화합을 단순한 감정의 문제라거나, 혹은 의지의 문제로 생각했을 때 생겨나는 큰 착각과 오류라고 할 수 있다.

결속력 강한 집단이 이긴다

인간 사회에서 '함께 고통을 견디면서도 나아간다'라는 것은 생각보다 매우 강한 유대감과 결속력을 유발하고, 그 결과 화합으로 나아갈 수 있는 증명된 방법이다. 옥스퍼드대학교 진화심리학자 로빈 던바Robin Dunbar는 강한 고통을 경험한 집단일수록, 그렇지 않은 집단보다 서로에 대한 신뢰도가 훨씬 높게 측정되었으며, 그 결속력도 매우 강하다는 연구 결과를 발표했다. 또 다른 연구에서도 이렇게 고통을 견디고 난 뒤에 맞이한 안도감에서 더욱 강한 신뢰감을 느끼게 되고, '저 사람은 위기 상황에서도 나를 배신하지 않았다'라고 여기며 완전한 내 편이라는 생각을 갖게 한다. 이는 병법서에서 말하는 동고동락과 그것이 발휘하는 엄청난 힘을 잘 말해준다. 결국 천하의 에너지를 나에게 모으려면 '고통을 감수할 용기'를 가져야만 한다고 볼 수 있다. 물론 이것은 나 혼자 고통을 떠안는 것을 의미하지는 않는다. 모든 책임과 의무를 서로 함께 공평하게, 공동으로 나누어 질 때, 비로소 화합의 진정한 힘이 발휘된다.

내 주변 사람들을 한번 돌아보고, 그들과 내가 얼마나 한 마음, 한 몸이 되었는지 되돌아보자. 그리고 그들의 에너지가 나를 향해 어느 정도로 흐르는지도 살펴보자. 그것이 약한 상태라면 아직 그들과 동고동락이 덜하다고 판단해도 무방하다. 없는 고통을 찾아 헤매며 겪을 수는 없지만, 닥친 고통이라면 결코 회피하지 않아야 하며, 그것이 화합의 큰 계기가 된다는 사실을 염두에 두어야 한다. 그 고통의 쓴맛을 겪은 뒤에야 비로소 화합의 달콤한 맛을 느낄 수 있기 때문이다.

나의 사기를 올리고
적의 사기를 낮추는 전략

공손하지만 비굴하지 않은 태도의 중요성

"장수에게 재능을 갖추게 하는 것은 어렵지 않으나,
위엄을 세우는 것은 참으로 어렵다."
『삼략』

　가끔 자기 자신이 누군인지 되돌아보면 삶의 태도를 다시 추스를 수 있게 된다. 예를 들어 '나는 한 가정의 가장이야'라거나, '나는 사랑하는 부모님의 소중한 자녀야'라고 생각하면 왠지 좀 더 신중하게 살아가려는 마음이 생기고 자신의 책임과 역할에 더욱 충실하고자 하는 태도를 갖게 되는 것이다. 이러한 생각은 감정에도 깊은 영향을 미친다. 좀 더 진지해지고 차분해지면서 번잡스러운 감정에 휘둘리지 않게 된다. 이성적 차원에서의 수준 높은 생각이 감정적 차원의 흔들림과 변동성까지 잡아준다는 이야기다. 따라서 이것은 '내 감정을 조절해야지'라는 단순한 다짐보다는 훨씬 강한 힘을 가진다고 볼 수 있다.

이러한 수준 높은 차원의 생각 중에서도 우리가 주목해야 할 것이 바로 '위엄을 갖추겠다'는 것이다. 위엄은 꼭 나이가 들어야 갖출 수 있는 것은 아니고, 특별한 사람만이 가능한 영역도 아니다. 누구나 위엄을 갖추려는 노력을 할 수 있고, 그 결과 자신의 태도와 감정을 조절할 수 있게 된다. 이를 위한 노력도 대단한 것은 아니다. 가장 사소하게는 몸을 반듯하게 세우는 것에서 시작한다. 이러한 행위는 자신의 감정 통제에도 직접적인 영향을 미치고, 더 나아가 나를 대하는 다른 사람의 태도에도 영향을 미친다.

위엄이란 무엇인가?

동양 고전에서는 종종 왕에게 위엄을 갖추도록 요구한다. 그것이 왕의 가장 이상적인 모습의 하나라고 여겨왔기 때문이다. 병법에서도 장수란 위엄을 갖추는 것이 필수로 간주되었고, 그 결과 부하를 잘 다스릴 수 있다고 말한다.

장수란 지혜, 신의, 어짊, 용기, 그리고 위엄을 갖추어야
한다.

『손자병법』

군대에 위엄이 없으면 병사들이 목숨을 걸고 싸우지 않
는다.

『울요자』

장수에게 재능을 갖추게 하는 것은 어렵지 않으나, 위엄
을 세우는 것은 참으로 어렵다.

『삼략』

위엄이란 무엇이기에 이토록 중요할까? 위엄은 겉으로
드러나는 권위 의식을 말할 수도 있지만, 더 엄격하게는
'당당한 태도에서 우러나오는 집중력과 통제력'이라고 할
수 있다. 우선 위엄에서 위威라는 한자에는 전투용 도끼를
든 형상이 포함되어 있으며, 집안의 질서를 잡는 시어머니
의 모습이 포함되어 있다. 곧 당당한 태도 아래, 일정한 힘
을 가지고 무엇인가를 엄격하게 통제하는 모습을 의미한
다. 엄嚴이라는 한자에는 높은 낭떠러지 같은 심각한 상황

에서 내리는 명령의 의미가 내포되어 있다. 따라서 이 두 글자가 합해진 위엄이라는 말의 더 깊은 속뜻은, 당당한 태도, 엄격하고, 질서 잡혀 있으며, 통제가 가능한 상황을 말한다.

이렇게 보면 우리가 위엄을 갖춘다는 것은 타인에게 권위 있게 보이려고 인위적인 행동을 한다는 의미보다, 일상에서의 자기 조절력이 극대화된 상태를 말한다. 실제 이렇게 살아가는 사람의 감정을 어떻게 유추해볼 수 있을까? 이런 사람이 감정에 손쉽게 흔들린다든지, 혹은 작은 사건에 소란을 피우는 일을 상상하기는 힘들다. 언제든 차분하고 안정된 상태에서 인생을 잘 드라이브해 나갈 것이 틀림없다.

사람에 따라 자신의 감정, 행동, 사고를 조절하는 능력은 제각각이다. 어떤 사람은 자신의 정서를 매우 균형 있게 관리하고, 급격한 충동을 억제하고, 스스로 삶의 만족도를 끌어올린다. 특히 이런 사람은 감정적인 과잉에 쉽게 빠지지 않는다는 것이 현대 심리학의 연구 결과다. 물론 정반대인 사람도 있을 것이다. 이런 사람의 일상은 늘 혼란이 가득하다. 감정이 튀고 정서적으로 불안하다 보니, 쉽게 충동적으로 변하면서 정신은 혼란스럽기만 하다. 그런 점에서 일상에서 위엄을 갖추려는 노력이 얼마나 중요한지 알 수 있다.

인지적 난해함의 증폭

위엄은 생각을 통해 결단하고 추구할 수 있지만, 물리적으로 외형을 변화시켜도 갖출 수 있다. 이를 위한 첫 단계로 '등과 허리를 쫙 펴기'가 유용하다. 사소한 행동으로 보이지만, 이는 생물학적으로도 증명된 사실이다. 캐나다 토론토대학교의 심리학 교수 조던 피터슨Jordan Peterson은 『12가지 인생의 법칙』에서 이 등과 허리 펴기의 중요성을 말했다.

바닷가재는 먹이나 번식을 위해 싸움을 한 후 승리한 개체는 몸을 크게 펴고 등을 곧게 세우는 자세를 취하는데 이때 세로토닌 분비가 급격히 늘어난다. 반면 패배한 개체는 어깨를 움츠리고 아래로 숙인다. 이때는 반대로 세로토닌 분비가 급격히 줄어든다. 세로토닌은 평온함과 행복감을 느끼게 하는 호르몬이다. 인간 역시 등과 허리를 쫙 펴고 어깨를 뒤로 젖히는 자세만으로도 세로토닌이 분비되어 긍정적인 감정이 생기고, 집중력과 통제력이 강화된다.

이처럼 자세를 제대로 갖추는 일에서부터 위엄이 출발한다고 볼 수 있다. 손짓이나 눈짓도 마찬가지다. 지나치게 급하게 손을 움직인다거나 빠르게 눈을 굴리는 행위는 이미 그 자체로 집중력이 분산되고 통제력이 상실된 상태를 보여준다. 따라서 자세, 손짓, 눈짓을 차분하고 통제력 있게 사용하면 위엄을 갖추는 데 도움이 된다.

이러한 위엄의 밀도를 더욱 높이려면 타인을 대하는 자신의 태도도 조절할 수 있어야 한다. 가장 대표적으로 자신보다 지위가 낮은 사람에게 거칠게 화를 내거나, 반대로 자신보다 지위가 높다고 지나치게 비굴하지 않는 것이다. 공자는 위이불맹威而不猛이라는 말을 남겼다. 그는 "군자는 위엄이 있으나 사납지 않고, 공손하되 비굴하지 않다"고 했다. 곧 위엄을 제대로 갖추려면 거친 분노와 비굴함이 제외되어야 한다는 이야기다.

그런데 이러한 위엄 있는 행동과 태도를 가진 사람에게는 매우 독특한 이미지 하나가 형성된다. 그것은 바로 '쉽게 측정할 수 없는 사람, 함부로 대할 수 없는 사람'이라는 이미지다. 미국의 심리학자 폴 에크먼Paul Ekman은 인간의 감정과 표정, 그리고 거짓말 연구의 권위자다. 그는 감정을 잘 드러내지 않는 사람은 상대에게 '내면이 깊거나 복잡한 사람'이라는 생각을 들게 하고, 그 결과 분석하고 예측하기 매우 어려운 상대라는 느낌을 들게 한다고 말한다. 좀 더 전문적인 용어로 말하면, 정체성이 모호해지면서 인지적인 난해함이 증폭된다는 점이다.

상대방에 대한 제어력

이러한 이미지는 병법서에서도 군주의 덕목으로서 매우 훌륭한 것이라고 칭송한다.

> 군주의 기상과 도량이 높은 산과 같아서 사람들이 우러러보되 높이를 측량하지 못하게 하며, 또한 깊은 못과 같아서 사람들이 굽어보되 그 깊이를 측량하지 못하게 해야 합니다.
>
> 『육도』

『손자병법』에서는 이를 조금 더 추상적으로 표현하는데, '측정할 수 없음'이 어느 정도까지 나아갈 수 있는지 보여준다.

미묘하고 미묘하여 형체가 없는 지경에 이르고, 신비롭고 신비로워 소리가 없는 지경에 이른다.

군주가 이런 상태가 되면 신하에게서 경외감을 유발할 수 있고, 함부로 행동할 수 없는 제어력을 발휘할 수 있다. 만약 장수가 이런 태도를 갖추면 적군은 어디를 어떻게 공격할지 모르는 애매하고 혼란한 상태에 처하게 된다.

제갈량은 실제로 이러한 애매함과 혼란함을 이용해 자신의 군대를 지켰다. 한번은 제갈량이 있는 초나라의 성에 병사가 극히 적은 상황이 있었다. 이때 위나라의 사마의司馬懿가 대군을 이끌고 성을 공격하려고 들이닥쳤다. 제갈량의 입장에서는 절체절명의 상황이었다. 그렇다고 도망가거나 목숨을 구걸한다는 것은 치욕스러운 일이었다. 그때 제갈량은 오히려 부하에게 성문을 활짝 열라고 명령하고, 자신은 성루에서 태연하게 거문고를 켰다. 그 모습을 본 사마의는 아마도 '도대체 이게 뭐지?'라고 생각했을 것이다. 문을 열어 적군을 맞이하며, 최고 전략가라는 사람이 태연하게 거문고를 켠다? 결국 사마의는 엄청난 숫자의 병사가 매복했을 것이라 생각하고 군사를 물렸다. 제갈량의 이러한 전략을 단순한 속임수라고 볼 수도 있지만, 더 근본적으로는 자신을 측량할 수 없도록 해 '형체가 없는 지경'을 만들고 '소리가 없는 지경'에 이른 것이라고 볼 수 있다. 이때 인지적 난해함이 극에 달한 사마의는 결국 싸움을 포기한 것이다.

　나이가 젊은 사람의 입장에서 보면 '위엄'이란 다소 고루해 보일 수도 있다. 하지만 그것은 무게를 잡는 것도 아니고, 누군가와 거리를 두는 것, 혹은 잘나 보이기 위한 것과는 아무런 관련이 없다. 자신에 대한 집중력과 통제력을 기반으로 자신을 바꾸고, 자신에 대한 상대방의 감정과 이미지도 바꾸는 일이기 때문이다.

소중할수록 계산기를 두드려라

나를 점령하는 치명적 감정으로부터의 자유

"나라에서는 신의를 귀하게 여기지만,
군대에서는 속임수를 귀하게 여긴다."

『사마법』

남녀 사이의 애절한 사랑은 생각만 해도 가슴 설레고, 가족에 대한 사랑은 그 자체로 깊은 안정감을 준다. 또한 우리 일상의 적지 않은 시간은 자신의 사랑을 지키고, 그것을 더 강화하려는 노력과 수고에 쓰인다. 더불어 이 사랑의 범위가 점점 넓어져 가난한 사람, 병든 이웃, 그리고 인류애로 발전하면 숭고함 그 자체다.

하지만 병법서는 바로 이러한 사랑에 대해서도 일정한 경고를 한다. 사랑도 지나치면 병이 될 수 있으니, 적절하게 제어해야 하며, 때로는 계산적인 사랑을 하라는 이야기다. 여기에서의 '계산적인 사랑'은 주고받을 이익과 손해를 따져 사랑하라는 의미보다는 어느 정도 절제되면서 오히려 그 효과를 증폭시키는 사랑을 하라는 의미다. 왜냐하면 사랑과 그로 인해 사고 자체가 감성적으로 변하는 것은 한 사람을 흔들고 무너뜨릴 수도 있는 치명적인 감정이기도 하기 때문이다. 만약 적과 싸워야 하는 장수가 감성적으로 변한다면 그 전투는 이미 의미가 없다. 그러니 병법서에서 이러한 문제를 다루는 것은 지극히 당연하고, 그 냉철한 시각 역시 충분히 감안해야 한다.

사랑과 번민

『손자병법』에서는 장수가 처할 수 있는 5가지 위험을 지적한다. 그런데 그 안에 바로 '사랑'이라는 감정이 거론된다.

장수에게는 다섯 가지 위험이 있다. 죽기를 각오하고 덤비기만 하면 죽임을 당하고, 살려고만 하면 사로잡히며,

성미가 급해 화를 잘 내면 모욕을 당하고, 결백하기만 하면 치욕을 당하며, 백성을 너무 사랑하면 번민에 빠진다.

앞의 4가지 위험은 그다지 어렵지 않게 이해가 간다. 하지만 마지막의 '사랑과 번민'은 일반적인 상식과는 약간 결이 다르다. 많은 사람이 '사랑'을 인생의 중요한 일로 생각하기 때문이다. '당신은 사랑받기 위해 태어난 사람'이라는 노래 가사도 있을 정도다. 또한 사랑하는 사람도 없고 사랑받지도 못하는 사람의 인생이라면, 다소 누추해 보이는 것도 사실이다. 하지만 전쟁에서의 사랑은 명백하게 절제되어야 하고, 철저한 기준에 따라 행해져야 한다. 『손자병법』은 계속해서 이렇게 말한다.

병사들에게 후하게 대하면서 부리지 못하고, 사랑하기만 하면서 명령을 내리지 못하며, 질서가 어지러운데도 다스리지 못한다면, 이는 마치 버릇없는 아이와 같아서 결코 사용할 수 없다.

누군가를 후하게 대하거나 사랑하는 것은 좋은 것이지만, 그것이 일정한 선과 기준을 넘어서고 경계가 무너지면 그때부터는 부작용이 생긴다는 점이다. 이런 상태가 심화하면 이제까지 이루어놓은 시스템 자체가 무너질 위기에 처할 수 있다.

> 나라의 예법이 군대에 들어오거나 군대의 규율이 나라에 들어오면 백성의 덕이 무너진다. 나라에서는 신의를 귀하게 여기지만, 군대에서는 속임수를 귀하게 여긴다.
>
> 『사마법』

백성은 자비와 관용, 사랑으로 대해야 하지만 군대를 그렇게 대했다가는 약한 군대가 될 수밖에 없고, 백성을 대할 때 무서운 장수가 병사를 대하듯이 하면 이 역시 온전한 시스템이라고 볼 수 없다. 결국 사랑을 필두로 하는 일련의 감정 역시 일정한 선과 기준을 지켜야 하고, 특정한 영역 밖으로 발현되어서는 안 된다는 의미이기도 하다.

냉정한 판단을 가로막는 사랑이라는 감정

문제는 이러한 감정이 워낙 강렬하기에 본래 정해진 영

역을 벗어나는 일이 많다는 점이다. 예를 들어 '사랑하면 모든 것이 용서된다'라는 말도 있듯, 명백한 잘못도 눈감아주고 너무 쉽게 용인하게 된다. 심지어 사랑을 위해 불법을 저지르는 일이 생기기도 한다.

『삼국지』 초반부에서 조조와 천하의 패권을 다툰 인물로 원소袁紹가 있다. 한번은 조조가 유비를 치려고 대군을 일으켜 이동했고, 그때 허창이라는 지역이 비어 있었다. 이때 원소의 부하들은 "조조가 허창을 비웠으니, 지금이 허창을 칠 수 있는 절호의 기회입니다"라고 하면서 출병을 권했다. 하지만 끔찍이 사랑하는 아들에게 병이 있다는 이유로 "집안일로 마음이 안정되지 않는다"라며 출병하지 않았다. 자식에 대한 사랑이 원소의 발목을 잡은 것이다. 그 사이 조조는 군대를 더욱 강하게 훈련하고, 널리 인재를 모집하면서 더 강력한 세력을 키워갔다.

그리고 훗날 원소는 조조와의 대격돌에서 결국 패배하고, 천하의 패권을 다투는 싸움에서 주도권을 완전히 잃고 말았다. 만약 그가 아들에 대한 사랑 때문에 출병을 미루지 않고 허창을 점령했다면 그 이후의 이야기는 달라졌을 가능성이 크다. 원소의 아들에 대한 사랑을 탓할 수는 없지만, 그러한 사랑의 감정이 결국 냉정하게 판단해야 할 적국과의 전쟁에도 영향을 미쳤다.

사랑이 너무 강해지면 이성이 마비되는 맹목적인 상태에 도달하게 된다. 정서적으로 고양되면서 상대방과 완전한 일체감을 느껴 경계심이 사라진다는 이야기다. '사랑하는 사람이 지는 거다'라거나 '더 사랑하는 쪽이 손해 본다'는 말이 있는 것은 바로 이런 이유 때문이기도 하다.

하지만 사랑이라는 자연스러운 감정을 의도적이고 전략적으로 다루기는 결코 쉽지 않다. 라틴어에서 유래한 서양의 오랜 격언 중 하나가 "사랑과 기침은 숨겨지지 않는다"이다. 아무리 티를 내지 않으려고 해도 어떻게든 솟아나고, 원하지 않아도 생겨버리고 만다. 그렇다고 나에게 생기는 모든 사랑의 감정을 남김없이 분출하다가는 그로 인한 부작용이 생길 수밖에 없다.

점령당한 생각에 여유를

미국의 생물인류학자 헬렌 피셔Helen Fisher 박사는 사랑에 빠진 사람의 뇌를 촬영하고 설문조사를 통해 그 상태의 변화를 관찰했다. 그 결과 6개월에서 2년간 초기 사랑의 기간에는 깨어 있는 시간의 무려 85~90퍼센트를 연인에 대해 생각다고 밝혔다. 이후 시간이 흐르면서 차츰 정상으로 되돌아오기는 하지만, 문제는 그렇다 하더라도 여전히 그 점령 상태가 완벽하게 사라지지는 않는다는 점이다. 이러한 상태를 나쁘게 볼 아무런 이유도 없지만, 사랑이 지나쳐 병이 되는 상태, 곧 판단을 흐리는 상황이라면 분명 특단의 조치를 마련해야만 한다.

병법서가 제안하는 솔루션은 공간적으로 거리를 두고, 이를 통해 여유를 되찾는 일이다. 여유餘裕는 '남는 것이 있고 넉넉하다'는 의미로 공간적으로 거리를 두는 것을 말한다. 병법서에서는 군대에 여유라는 것이 어떤 중요한 역할을 하는지 이렇게 말한다.

> 군의 행동에는 여유가 있어야 한다. 여유가 있으면 군사들이 힘이 남아돌게 된다. 군이 전투 중이라 할지라도 보병은 함부로 날뛰지 않고, 전차병은 함부로 달리지 않으며, 적을 추격할 때도 대오에서 벗어나지 않고 질서를 지켜야 한다. 이러한 군은 혼란에 빠지지 않는다.
>
> 『사마법』

사랑이 이성적 판단에 혼란을 일으킨다면, 이때 반드시 갖추어야 할 것이 바로 여유다. 상대와 나 사이에 넉넉한 공간을 두면서 떨어지는 태도를 의도적으로 취하는 일이다. 이렇게 하면 휘둘리는 영향력이 줄어들게 된다. 병법서의 표현을 빌리면, 함부로 날뛰지 않게 되고 정해진 대오에서 벗어나지 않도록 해주며, 질서를 지킬 수 있도록 해준다. 이러한 여유 속에서 비로소 고요함을 되찾을 수 있고, 다시 소란과 소동을 제압하는 힘을 갖추게 된다.

> 장수는 고요함으로 소란스러움을 제압하고, 정숙함으로 소동을 다스려야 한다.
>
> 『삼략』

사랑은 분명 아름다운 것이며, 세상을 더 밝고 건강하게 만들어준다. 하지만 과도한 사랑 때문에 목숨을 잃거나, 불행을 자초하거나, 인생에서 잘못된 선택을 하는 경우도 허다하다. 사랑의 소중함을 알면 알수록, 그 사랑 앞에서 끝없이 계산기를 두드리며 자신의 고요함과 정숙함이라는 결괏값을 유지하기 위해 노력해야만 한다.

감정을 지배하는 자가 승리한다

격렬한 싸움 현장에서도 반드시 유지해야 하는 평정심

> "마음이 미친 것처럼 광폭한 흠이 있는 자가
> 군을 통솔하는 것은 대단히 어려운 것이다."
>
> 『울요자』

　모든 추진체에는 연료가 필요하다. 자동차의 연료는 가솔린과 디젤이고, 비행기의 연료는 항공유다. 사람에게도 이런 연료 역할을 하는 것이 있다. 바로 감정이다. 이성적으로 아무리 계획하고 방향을 설정하더라도, 감정이라는 연료가 없으면 사람은 잘 움직이지 못한다. 그래서 기쁨, 희망, 기대 그리고 과거의 만족감 같은 감정은 더 나은 성장을 위한 연료가 되고, 수치심이나 질투심 등은 자신의 곤고한 처지를 벗어나기 위한 노력의 연료가 된다.

실제 뇌과학의 연구에서도 지능이 정상임에도 감정 조절 부위가 손상되면, 사람은 결정을 내리지 못하고 행동을 망설이게 된다. 다만 감정이 너무 과도한 것도 당연히 문제가 된다. 적정 수준 이상의 분노, 좌절, 슬픔은 일상을 뒤틀고 자신과 주변 사람을 위험에 빠뜨리게 한다.

그런 점에서 '이기는 구조'를 만드는 과정에서도 '행동의 원료'라고 할 수 있는 이 감정은 매우 세밀하게 조정되어야 한다. 감정에 지배되고 휘둘리는 순간, 그 구조에 균열이 생기고 작동의 메커니즘을 무너뜨릴 수 있기 때문이다. 따라서 자신의 감정을 '관리 가능한 연료'로 인식하고, 최대한 상황에 맞게 잘 활용해야 한다.

내 감정의 주인이 되어라

호주의 간호사인 엘리자베스 케니 Elizabeth Kenny는 정식 의학 교육을 받지 않았지만, 재활과 물리치료 분야에서 혁신적인 치료법을 개발했다. 어린 시절 말에서 떨어져 팔이 부러진 경험을 하고서는, 그때부터 근육과 해부학에 관심을 갖기 시작했다. 이후 현장에서 수많은 환자를 만나며

신체 회복뿐 아니라 감정이 회복 과정에 미치는 영향도 세밀하게 관찰했다. 그 결과 그녀는 이러한 명언을 남겼다.

"당신을 화나게 하는 사람이 결국 당신을 지배한다."

우리는 화가 나면 그 상황을 타개하기 위한 활동을 왕성하게 하고, 혹은 복수를 하기 위한 적개심에 불탄 나머지 마치 상당히 자기 주도적인 것처럼 느끼게 된다. 그런데 그녀의 말에 따르면 오히려 정반대다. 이미 그 상태가 누군가에게 지배당한 상태이며, 따라서 지극히 수동적인 상황에 처한 것이다. 이는 평소에 견고하게 관리하던 이성의 집이 무너진 상태이며, 곳곳에 자신의 결점과 약점이 노출되는 단계로 진입하게 된다. 어떤 면에서는 승리를 위해 싸우는 것이 아니라 패배를 위해 싸운다고 봐도 무방할 정도가 된다.

병법서에서는 승리하는 전투를 위해서는 끊임없이 자신의 감정을 가라앉히고 관리하라고 말한다. 『손자병법』은 이렇게 경고한다.

> 장수가 화를 내며 통제에 불복하고, 적을 만나면 서로 다투듯이 제멋대로 싸우는 경우가 있다. (…) 이렇게 싸우면 스스로 붕괴하니 붕병崩兵이라고 한다.

병사는 애초에 싸우고 승리하기 위한 존재다. 하지만 감정에 휘둘리기 시작하면 '붕괴하는 병사'가 되어버리고 만다. 이럴 때는 싸움이고 뭐고 아무런 의미도 없어진다. 감정에 지배당한 붕병은 이미 주체적이고 주도적인 싸움을 할 수 있는 상태가 아니기 때문이다. 이것은 꼭 부정적인 감정에 대해서만은 아니다. 긍정적인 감정이라도 그것이 너무 고양된 상태라면 역시 올바른 판단을 내리기는 힘들다. 과도한 자신감과 지나친 희망은 실수를 유발하는 폭주를 부르기 때문이다. 그런 점에서 부정적이든 긍정적이든, 자신의 감정을 제어하고 관리하는 일이야말로 내 인생의 주인이 되는 일이다.

허세와 오만은 상황 장악력을 떨어뜨린다

『울요자』에서도 비슷한 말을 한다.

　마음이 미친 것처럼 광폭한 흠이 있는 자가 군을 통솔하는 것은 대단히 어려운 것이다.

여기에서 말하는 '광폭한 흄'이란 단순히 성격이 거칠다는 뜻이 아니라, 감정이 안정되지 못하고 진폭이 매우 큰 것을 말한다. 무엇보다 이런 상태에서 인간은 매우 단순해지는 특징이 있다. 감정이 올라오면 인간의 뇌는 '싸움이냐, 도주냐Fight or Flight'라는 단 두 가지 선택에 맞닥뜨리게 된다. 평소에는 다양한 전략과 기기묘묘한 상황 장악력을 뽐내는 사람도 결국 머리가 백지가 되어 선택지가 극도로 줄어든다는 이야기다.

동양 고전에서 가장 감정에 잘 휘둘린 사람이라면 바로 항우項羽를 들 수 있다. 그는 자신의 감정 때문에 유능한 참모를 잃은 것은 물론, 군의 전세를 무너뜨리고, 결국 목숨을 잃는 순간에도 비이성적인 허세로 일관했다.

항우와 한신韓信이 전투를 벌일 당시였다. 그때 한신이 항우의 군대를 급습해 크게 승리한 후 물러났다. 항우는 '이는 나를 모욕하는 계책'이라며 매우 감정적으로 대응했다. 그리고 참모들이 말리는데도 군대를 출동시켜 한신을 쫓게 했고, 오히려 이러한 병력 분산이 더 큰 위험을 불렀다. 일반적으로 전투 과정에서 모욕감을 느낄 수는 있지만, 모욕 그 자체가 전투의 최종적인 목표는 아니다. 그런 점에서 한신은 그냥 '전투'를 했지만, 항우는 그것을 '모욕'

으로 받아들여 감정적으로 대응했다고 볼 수 있다. 이후 항우는 유능한 참모 범증范增과도 감정적 갈등을 겪었고, 그 일로 범증은 항우를 떠나갔다.

더 나아가 항우의 마지막 자결 장면은 그가 얼마나 감정적인 인물인지 다시 한번 보여준다. 항우는 최후의 궁지에 몰리자, 자신에게 상금이 걸렸다는 사실을 언급하면서 비이성적 허세를 폭발시켰다. 그는 "한나라가 내 머리에 천금의 상금을 걸고 만호의 봉읍을 준다 하니, 나는 너희에게 덕을 베풀겠다"고 말하며 자결했다. 자신의 자결을 '덕을 베푼다'라는 차원으로 말하는 것은 도저히 정상적이고 이성적인 판단으로 볼 수는 없다. 과도한 허세와 오만이 뒤섞인 결과라고 볼 수 있다.

우리를 지배하는 터널 시야

실제 의학에서는 '터널 시야Tunnel Vision' 현상이 있다. 안과 질환이나 뇌출혈 등이 생기면 시야가 극도로 축소되는 상태를 말한다. 일반인도 터널에서 빠르게 주행하면 주변부는 잘 보이지 않고 저 멀리 출구 쪽만 하얗게 보이는 현상을 느낄 수 있다. 이는 고스란히 심리 상태에도 적용된다. 미친 것처럼 광폭한 상태가 되면 종합적으로 판단하지 못하고, 따라서 그간의 현명함과 지혜로움이 사라지는 것이다.

미국의 심리학자 대니얼 골먼Daniel Goleman은 이 현상을 '편도체 납치Amygdala Hijack'라 부른다. 감정의 중추인 편도체가 이성적 사고를 하는 전두엽의 영역을 일시적으로 납치함으로써, 평소 하지 않던 실수나 후회할 행동을 저지르게 된다는 것이다. 이런 상태라면 패배할 싸움을 하는 '붕병'이나 다름이 없다.

결국 평소에 감정에 따라 좌우되지 않는 상태를 만들어놓는 것이야말로 싸움에서는 가장 중요한 덕목의 하나이며, 동시에 어떤 외부의 변수가 생기더라도 과도하게 흔들려서는 안 되는 것이 무엇보다 중요하다.

물론 비유적인 표현이지만, 『울요자』에서는 이런 상태를 권한다.

불에 타는 집에 엎드려 있거나 침몰하는 배에 앉아 있는 것과 같은 위급한 상황에서도 의연하게 대처하며 주저하지 않는 것, 이것이 바로 장수의 지혜이자 계책이다.

집이 불에 타는 데 그저 엎드려 있거나, 배가 침몰하는 데 넋 놓고 바라보는 일은 인간의 능력으로는 불가능한 일에 가깝다. 하지만『울요자』의 내용은 바로 이러한 감정의 조절이 어느 정도까지 중요한지 상징적으로 보여준다. 결국 온 힘을 다해, 모든 수단을 동원해 최대한 평정심을 유지하는 것이야말로 격렬한 싸움 현장에서 궁극의 승리를 가져오는 중요한 발판이 될 수 있다.

인간관계에서
이기는 구조

함부로 믿는 대신에
함께할 이익을 설계하라

intro

우리는 흔히 "나는 저 사람을 믿는다"라거나, 혹은 "그 사람은 절대 배신할 사람이 아니야"라는 말을 한다. 물론 인간에 대한 믿음을 가진다는 차원에서 나쁜 태도는 아니지만, 한편으로는 너무 순진한 태도라고 할 수 있다. 이 세상의 수많은 배신과 그로 인한 슬픔은 대개 서로 '믿는 것처럼 보이는' 사람 사이에서 발생한다. 서로 잘 알기에 오히려 약점도 잘 알고 있으며, 서로 의지했기에 무엇이 그를 치명적으로 쓰러뜨릴지도 이미 간파하고 있다. 배신할 환경으로는 최적이라 할 수 있다. 하지만 이렇게 되지 않으려면 우리는 인간관계에서의 은행 계좌를 잘 운영해야 한다.

미국의 경영 컨설턴트이자 작가인 스티븐 코비Stephen Covey는 인간관계를 은행 계좌에 비유했다. 이 계좌에서 입금은 상대에게 이익을 주거나 친절하거나 약속을 잘 지키는 일이다. 반대로 인출은 손해를 끼치거나 무례하거나 약속을 잘 어기는 일이다. 만약 입금 없이 계속 인출만 하다 보면 관계는 곧 파산할 뿐이다. 따라서 이제 해야 할 일은 상대방을 믿는 일보다는 서로 어떻게 이익을 만들고 나눌지 설계하는 일에 더 주목해야 한다. 그것이 서로에 대한 믿음을 온전히 지켜나가는 가장 지혜로운 방법이기 때문이다.

말보다 행동에 본심이 있다

감추는 속마음을 간파하는 심리술

"외모는 온순해 보이지만 속마음은 도둑과 같은 경우,
겉으로는 차분하게 보이지만 실은 성의가 없는 경우."

『육도』

사람에 대한 병법서의 통찰 중 또 하나 중요한 것은 바로 '사람을 어떻게 파악할 것인가?'이다. 이 질문이 중요한 이유는, 전쟁에 앞서 일단 적국의 군주나 장수가 어떤 사람인지 알아야만 실제 전쟁이 벌어졌을 때 매우 효과적으로 대응할 수 있기 때문이다. 우리가 가장 두려워해야 할 존재는 '나쁜 사람'이 아니라 '누군지 모르는 사람'이다. 상대가 아무리 악한 사람이라도 그가 어떻게 생각하고 행동하는지 안다면 충분히 대응할 수 있다. 반면 상대가 어떤 인물인지 모른다면 오히려 내가 함정에 빠질 수 있다. 언제, 어디에서 공격할지 전혀 예측할 수 없기 때문이다. 그래서 고대의 병법가들은 '사람을 읽는 기술'을 전쟁의 기술만큼이나 중요하게 여겼다.

좋아하는 것은 거짓말할 수 없다

'사람을 어떻게 파악할 것인가?'라는 질문에 해답을 찾아가는 과정에는 두 가지 큰 장애물이 있다.

우선 첫 번째는 사람에게는 탁월한 거짓말 능력이 있다는 점이다. 이 점에 대해서는 두말할 여지가 없다. 인간은 언어로 타인을 속일 수 있는 유일한 생명체이며, 사회적 관계 속에서 진실을 감추거나 왜곡하는 능력을 발전시켜 왔다. 심지어는 자기 자신도 속일 수 있을 정도다. 그러니 누구라도 감쪽같이 속아본 경험이나, 혹은 천연덕스럽게 타인을 속여본 경험이 있을 것이다.

두 번째는 사람에게는 자신을 감출 수 있는 뛰어난 위장 능력도 있다는 점이다. 내면은 그렇지 않지만, 외모나 겉모습으로 실제의 자신을 드러내지 않고 변형하거나 은폐

할 수 있다. 우리가 사회적 존재로서 살아가기 위해 이렇게 가면을 쓰는 능력은 인간에게 자연스러운 생존 전략이기도 하다.

사람을 파악할 때 맞닥뜨리는 두 가지 큰 난관에 대해서는 당연히 고대 병법서의 저자들도 매우 잘 알고 있었다. 따라서 그들은 이러한 문제를 해결할 수 있는 특정한 방법을 생각했다.

우선 첫 번째인 거짓말을 뚫을 방법은 한 개인이 '좋아하는 것'으로 파악하는 것이다. 『육도』에서는 인간의 본능을 가장 자극하는 대상인 '술, 여자, 돈, 자부심'을 제공하고 상대가 어떤 반응을 보이는지에 따라 그의 실제 내면을 들여다보는 방법을 언급한다. 만약 상대가 술과 여자를 좋아하면 그는 육체적인 쾌락을 탐닉하는 사람이며, 돈을 좋아하면 재물에 대한 탐욕이 강한 사람이며, 과대평가할 때 지나치게 자부심을 느끼면서 우쭐한다면 세상의 평가와 허영을 지나치게 좋아하는 사람으로 판단할 수 있다.

이렇게 자신의 본능이 끌어당기는 것에 대해 사람들은 쉽게 거짓말을 하지 못하고, 행동으로 그것에 끌리기 마련이다. 설사 멘탈이 매우 강해 좋아해도 좋아하지 않는 척을 한두 번은 할 수 있지만, 결국에는 더 이상 거짓말을 이어가지 못하고 무너지게 마련이다.

이는 오늘날 우리의 일상에서도 얼마든지 적용해볼 수 있다. 상대방이 좋아하는 것으로 그의 내면 심리 상태를 짐작해볼 수 있다. 결론은 '자신이 좋아하는 것에 대해서는 결코 거짓말을 하지 못하고, 그 좋아하는 것으로 사람을 파악할 수 있다'는 이야기다.

두 번째인 위장 능력을 꿰뚫는 방법도 있다. 우선 『육도』에서는 외모와 실제 심성이 어울리지 않는 15가지 사례를 제시하는데, 그중에서 몇 가지 경우만 살펴보면 다음과 같다.

> 외모는 현명해 보이지만, 속으로는 어리석고 모자란 경우, 외모는 온순해 보이지만 속마음은 도둑과 같은 경우, 겉으로는 담담하며 차분해 보이지만 실은 성의가 없는 경우, 겉으로는 허황해 보이지만 속마음은 도리어 충실한 경우, 입으로는 허튼소리를 하는데도 실속이 있는 경우.

만약 우리가 이러한 겉모습과 내면 사이에서 생기는 불일치를 파악하지 못하면 역시 큰 낭패를 당하게 된다. 똑똑해 보인다고 너무 믿으면 문제가 생기고, 허황해 보인다고 무시하면 오히려 손해를 입을 수도 있기 때문이다.

겉과 속이 완전히 다른 대표적인 인물이라면 단연 방연龐涓을 꼽을 수 있다. 그는 손빈孫臏과 한 스승 밑에서 동문수학을 한 사이다. 그런데 방연은 자신보다 손빈의 능력이 더 뛰어나다는 사실을 알고, 속으로 위기감을 느끼고 있었다. 방연은 먼저 위나라의 장수가 되어 출세했지만, 만약 손빈이 적국의 장수가 되면 자신에게 위험이 될 인물로 확신하고 그를 위나라로 불러들여 무너뜨릴 생각을 했다.

방연은 계획대로 그를 위나라로 초청했고, 손빈이 도착하자 성문 밖까지 마중 나가 재회의 눈물을 흘리면서 손을 맞잡았다. 이렇게 손빈을 안심시킨 후 조작된 편지를 이용해 손빈을 궁지로 몰아넣었고, 그를 죽이려는 계획까지 세웠다. 그 과정에서 방연은 위장 능력을 잃지 않았다. 때로는 담담하게, 때로는 위해주는 척 손빈을 서서히 더 깊은 함정으로 몰아갔고, 그가 형벌을 받도록 유도하기까지 했다. 손빈 역시 매우 뛰어난 인물인데도 이처럼 방연의 위장 능력 앞에서는 속절없이 당했고, 결국 두 다리를 잃고 말았다.

감추어진 것을 끌어내는 법

여기에 대한 해결책도 물론 존재한다. 그것은 바로 위장이 통하지 않는 여러 가지 상황을 제시하고 그가 어떻게 행동하는지 살펴보는 방법이다. 이를 팔징八徵이라고 한다. '속에 감추어진 것을 겉으로 드러내는 8가지 방법'을 말한다. 그중 일부는 다음과 같다.

> 그에게 말로 질문하여 그가 얼마나 자세히 알고 있는지 관찰합니다. 그에게 어려운 질문을 하여 임기응변하는 기민성을 관찰합니다. 명백하게 나타나는 질문을 해서 숨기는 것이 있는지 보아 그 덕행을 관찰합니다. 그에게 재물을 맡기어 청렴도를 관찰합니다. 그에게 위험을 알려 용맹성을 관찰합니다.
>
> 『육도』

인간은 평온한 상태에서는 얼마든지 자신을 통제하고 위장할 수 있지만, 돌발적이고 예측 불가능한 상황에서는 본성이 드러난다. 이렇게 상황을 통해 사람을 파악하는 방법은 현대전에서도 충분히 활용되었다.

제2차 세계대전 당시 미국 첩보기관 OSS Office of Strategic Services는 스파이 및 특수 요원을 선발하기 위해 '스테이션 S Station S'라는 비밀 프로그램을 운영했다. 이 프로그램에서는 지원자들을 특정 환경에 몰아넣고, 정체를 감춘 심리학자와 정신과 의사가 그들을 바로 옆에서 관찰하면서 심리적 반응과 행동 패턴을 체크했다. 특히 지원자를 어두운 창고에 갇히게 하고 억지스러운 상황을 만들어 어떻게 반응하는지 살펴보거나, 집단 토론에서 자신에게 비협조적인 사람과 협조해야 하는 상황을 조성하고, 심지어 강력한 스트레스를 주어 어느 정도 좌절하는지도 테스트했다. 이 모든 것은 누군가를 특정한 상황에 몰아넣고 관찰하는 팔징의 방법과 완전히 닮았다.

우리가 일상에서 누군가를 의도적으로 어떤 상황에 끌어들이고 그의 반응을 보는 일은 다소 부도덕하다고 느낄 수 있다. 하지만 자연스럽게 주어진 상황에서 상대를 관찰하는 것은 도덕의 여지가 사라진다. 예를 들어 예상치 못한 위기나 갈등 상황에서 누군가가 보이는 말투, 표정, 선택 방식은 그 사람의 평소 가치관을 드러내는 신뢰할 만한 단서라고 할 수 있다. 따라서 상대방을 파악할 때는 그가 무엇을 좋아하는지, 그리고 스트레스와 불안 상황에서 그

가 어떻게 반응하는지 살펴본다면, 그 사람을 파악하기가
한층 더 수월할 것이다. 상대의 행동은 상대의 말보다 더
많은 말을 해주게 마련이기 때문이다.

보상이 없는 관계는 쉽게 무너진다

흉한 일을 막고, 좋은 사람을 옆에 두는 전략

"공로를 따져서 논공행상을 하지 않으면
흉한 일이 생길 것이니….”

『손자병법』

인간은 매우 다양하면서도, 또 한편으로 심오한 동기에
따라 움직이는 수준 높은 존재다. 희생, 헌신 등 본능적 이
기주의를 뚫고 솟아나는 이타주의를 통해서도 움직이며,
때로 돈이나 명예조차 버리며 자존감으로 자신을 지키기
도 한다. 하지만 좀 더 원초적인 면에서 사람을 움직이는
단 두 가지 원리를 압축하면, '상과 벌'을 빼놓을 수 없다.
그래서 예로부터 왕이 백성을 다스리거나, 장수가 병사를
다스릴 때도 이 상과 벌의 적절한 균형과 조화는 통치의

핵심 원리로 강조되었다. 오늘을 살아가는 우리는 비록 왕이나 장수는 아니지만, 주변 사람들과 함께하는 원리는 크게 다르지 않다. 우리의 일상 곳곳에는 상과 벌이 존재한다. "정말 고마워"라는 말 한마디도 상이고, 밥 한 끼 사 주는 건 큰 상이다. 반대로 친근하지 않은 말투로 응대하거나, 무표정한 것도 일종의 벌이다. 중요한 점은 그 핵심 원리는 같아도, 상과 벌의 운용 방법은 무궁무진하다는 것이다. 그 크기도 따지고 시기도 따져야 한다. 더 나아가 자신에게도 적절한 상과 벌을 내려 더 성장하도록 해야 한다.

상과 벌이 분명해야 사람이 모인다

논공행상論功行賞, 곧 공을 논하고 상을 주는 일은 다소 부정적인 의미를 지닌다. 지나치게 이익을 탐한다거나, 개인적으로 가까운 사람에게 특별한 혜택을 준다는 이미지가 섞여 있기 때문이다. 하지만 본질적인 의미에서 논공행상을 제대로 따지는 일은 관계에서 매우 중요하며, 이것이 제대로 지켜지지 않으면 원활하던 관계가 무너지는 일이 비일비재하다.

전진하여 공을 세우면 반드시 상을 주고, 후퇴하여 죄를 지으면 반드시 벌을 준다는 신의가 있어야 한다.

『오자병법』

무릇 싸워 이기고 공격에 성공하고서도 그 공로를 따져서 논공행상을 하지 않으면 흉한 일이 생길 것이니….

『손자병법』

여기서 '흉한 일'이란 매우 다양한 것을 상상해볼 수 있다. 자신이 받을 것을 받지 못했다는 억울함에서 오는 미움도 있을 것이고, 복수심에 불타 저지르는 배신도 있을 것이다. 그 어떤 것이든 관계에서는 '흉한 일'이다.

실제로 춘추시대 진나라의 문공文公은 19년 동안 망명 생활을 한 후 왕이 되었는데, 그때 함께 고생한 신하들에게 상을 주었다. 그런데 무슨 일이었는지, 가장 충성스러운 개자추介子推를 빠뜨리고 말았다. 이에 크게 실망한 개자추는 모든 것을 내려놓고 산으로 숨어버렸다. 이를 뒤늦게 깨달은 문공은 개자추를 불렀지만, 그는 결코 내려오지 않았다. 그를 나오게 하려고 할 수 없이 산에 불을 놓았는데 결국 개자추는 불에 타 죽고 말았다. 문공은 이 일을 평생 후회하면서 슬퍼했다고 전한다. '뜨거운 음식은 피하고 차가운 음식을 먹는다'는 민속 명절인 한식寒食이 바로 이 문공과 개자추의 사연에서 유래했다는 설도 있다. 중요한 점은 이렇게 제대로 되지 못한 논공행상은 충성스러운 신하를 죽게 하고, 그 자신도 평생 후회하며 살았으니 '흉한 일'은 틀림없다는 것이다.

반대로 논공행상을 잘하면 천하를 얻을 수도 있다. 『초한지』에서 유방劉邦과 항우項羽는 천하의 패권을 다퉜는데, 결국 승리는 유방의 편이었다. 그런데 이후 유방은 개국공신을 모아놓고 자신이 항우를 이긴 이유를 물어보았다. 이때 왕릉王陵이 이렇게 말했다.

폐하는 오만하여 사람을 업신여기지만, 사람을 시켜 성을 공략하게 하면 그 성을 그에게 주었습니다. 천하의 이익을 천하 사람들과 함께 나누었기 때문입니다. 하지만 항우는 어질고 사랑이 많아 보이나, 공을 세운 자의 인장印掌(권력과 영토의 소유권)을 만지작거리다가 모서리가 닳을 때까지 주지 않았습니다.

『사기史記』

결국 후하고 제대로 된 논공행상은 뛰어난 사람을 내 주위에 머물게 하고, 항상 나를 지지하고 지원하게 하여, 그 결과 나 자신을 뛰어난 사람으로 만들어줄 수 있다.

나를 지키기 위한 벌주기

우리 역시 이러한 논공행상을 일상적으로 잘 행해야 하는데, 그 핵심적인 비결은 문공과 개자추의 사례에서 찾아볼 수 있다. 친하고 밀접한 사이라면, 친하고 밀접하다는 이유만으로 상대방의 공을 크게 주목하지 않을 수 있다. 자신에게 잘해주는 것을 너무도 당연하게 생각하다 보니 특별히 고마움을 잘 느끼지 못하게 된다. 또한 심리적으로 안정감을 느끼는 상태이기에 오히려 상대방의 노력과 배려에 대한 가치를 과소평가하기도 한다. 하지만 이러한 상태가 지속되면, 결국 한쪽은 서운함을 느끼게 되고 자신이 정당한 상을 받지 못했다는 생각을 하게 된다. 이렇게 되면 나의 가장 가까운 사람이 집을 나가 산으로 숨는 '제2의 개자추'가 될 수 있음을 잊어서는 안 된다. 따라서 친할수록 더욱 상대의 공을 잘 헤아리고 그에 합당한 보상을 해주는 일이 논공행상의 가장 중요한 원칙이다.

물론 필요하다면 벌을 내리기도 해야 한다. 다만 '벌'이라고 해서 정말 신체적이거나 사회적인 벌을 줄 수는 없다. 하지만 관계를 다소 소원하게 하거나, 신경이나 관심을 줄이는 방식의 벌을 내려야 한다. 이러한 벌은 상대방이 느끼지 못할 수도 있지만, 오히려 나를 위해 필요한 일이기도 하다. 벌을 줘야 하는 사람에게 계속해서 비슷한 상을 주면 결국 나 자신이 쉬운 사람이 되어 업신여김을 당할 수 있기 때문이다. 관계에서의 벌은 나의 자존감을 지키기 위해서라도 꼭 필요한 일이다.

중요한 점은 상벌에도 시기가 있다는 점이다. 영국의 정치가이자 법학자인 윌리엄 글래드스턴William Gladstone은 "지연된 정의는 거부된 정의다"라는 말을 했다. 아무리 정의가 이루어진다고 한들, 지연된 정의는 의미가 없다는 이야기다. 상과 벌에서도 마찬가지다. 상과 벌을 적기에 주지 않으면 그 효과가 현저하게 떨어지게 마련이다.

상이 제때 이루어지지 않으면 대중을 권면할 수 없고, 벌이 제때 이루어지지 않으면 아랫사람을 징계할 수 없다.

『울요자』

한비자 역시 "상이 때에 맞지 않으면 공이 있는 자가 게을러지고, 벌이 때에 맞지 않으면 죄를 지은 자가 쉽게 변명한다"고 말했다. 따라서 상과 벌을 시행할 때는 그 시기가 매우 중요하다는 점을 각인해야 한다.

자신에게 때맞춰 상을 줘라

'제때 주는 상과 벌'은 자기 자신에게도 활용해볼 수 있다. 흔히 '나를 위한 선물'이라는 말도 있듯, 수고한 자신에게 특별한 보상을 하는 사람도 있다. 하지만 의외로 많은 사람이 자신에게 상을 주는 일을 그리 익숙하게 해내지는 못한다. 자신이 무언가 성과를 달성한다고 해도 너무 당연하게 생각하거나 일정한 성과가 있는데도 잘못하고 실수한 것이 없는지 반성하게 된다. 상을 주기보다는 오히려 벌을 준다는 이야기다. 하지만 자신을 더욱 발전시키려면 이 상벌에 다소 민감해져야 한다.

유명한 행동주의 심리학자인 버러스 스키너Burrhus Skinner는 '조작적 조건화Operant Conditioning'라는 개념을 제시한다. 특정한 행동을 한 뒤에 긍정적 강화, 곧 상이 내려지면 그

행동이 다시 반복될 확률이 통계적으로 매우 유의미하게 증가한다는 점이다. 반면 이러한 보상이 즉각적으로 이뤄지지 않으면 그 반대 현상이 발생한다. 그런 점에서 자신의 성과에 작지만 즉각적인 보상을 하는 일은 자신의 일상을 활력으로 넘치게 하는 매우 중요한 계기가 된다. 끊임없이 목표를 설정하고 그것을 향해 계속해서 나아가고 보상을 받으며 즐거워하는 자신을 만들 수 있기 때문이다.

상을 주고 벌을 내리는 일은 왕과 장수만이 할 수 있는 것은 아니다. 시기적절한 때에 나와 주변 사람에게 상과 벌을 준다면, 더 나은 성장을 위한 발판이 되어준다.

속지 않으려면 속여야 한다

속고 속이는 심리전의 승자가 되는 5가지 방법

"하는 일마다 정성을 다하여 받들어주고 응해주어서
마치 같이 공생하는 관계인 것처럼 보이게 합니다."

『삼략』

　사람에 관한 병법서의 이야기는 단지 사람을 대하는 태
도와 그 사람을 파악하는 법에 대한 내용으로 그치지 않는
다. 최종적으로는 '사람을 속이는 법'으로 나아간다. 이는
병법서이기에 가능한 내용이기도 하다. 전쟁이라는 극한
의 상황에서는 상대를 속이는 일이 곧 생존과 직결된다.
적을 기만하지 못하면 내가 속게 되고, 내가 속으면 곧 죽
음으로 이어지기 때문이다. 따라서 병법서에서 '어떻게 속
일 것인가'를 연구하고 체계화하는 것은 너무나도 자연스

러운 일이다. 다만 우리가 이러한 내용에서 주목해야 할 것은 실제로 사람을 속이는 방법을 체득하기보다는, 어떤 심리에서 사람이 속게 되는지 이해하고, 내가 누군가의 속임수에 당하지 않으려면 어떻게 해야 하느냐. 이것은 마치 무술을 배우는 것과 비슷하다. 우리가 태권도를 배울 때, 일반적인 사람은 걸리는 놈마다 때려잡기 위해서가 아니라, 최소한 나를 보호하기 위해 배운다고 여긴다. 곧 우리는 무술을 통해 '폭력'을 배우는 것이 아니라 '방어'를 배운다는 이야기다. 마찬가지로 우리는 사람을 속이는 법을 알려주는 병법서에서 어떻게 하면 내가 속지 않을까에 주목해야 한다.

왜 우리는 자주 속는 걸까?

『육도』에서는 무력이 아니라 문벌文伐로 적과 싸우는 법에 관해 이야기한다. 문벌은 힘이 아니라 지략으로 상대방을 정벌한다는 의미다. 이는 '싸우지 않고도 원하는 것을 이루는 방법'이며, 바로 우리가 이야기하는 '이기는 구조'라고 할 수 있다. 이것은 인간의 심리, 욕망, 관계를 세밀하게 파악한 심리전의 정수라고 해도 과언이 아니다.

이 방법은 총 12가지인데, 여기에서 핵심적인 키워드를 뽑아내면 총 5가지다. 그런데 안타깝게도 이 5가지 키워드는 사람이 가장 선호하며 안정감을 주는 것이다. 바로 '희망, 신뢰, 이익, 친절, 약속'이다. 하나같이 그 단어를 듣는 것만으로 긍정적인 마음이 생겨나는 것이 사실이다. 하지만 이것을 통해 사람이 속는다는 점에서 이는 참으로 슬픈 일이기도 하다. 돌이켜보면 우리 일상에서 벌어지는 수많은 사기 사건, 예를 들어 보이스 피싱이나 투자 금융 사기, 로맨스 스캠, 취업 사기 등도 이러한 5가지 키워드를 활용해 이루어진다는 사실을 알 수 있다. 상대방은 무척 친절하게 나에게 다가오고, 이익을 약속하면서 희망을 품게 하고, 신뢰를 주는 상황을 조성한다. 이런 것들이라면 사실 당하지 않기가 쉽지 않기도 하다. 이러한 5가지 키워드를 다음의 원문에서 찾아볼 수 있다.

[이익, 친절] 적국의 군주가 음탕한 음악을 즐기도록 도와주고, 그 마음을 더욱 키우고, 금은보화와 아름다운 여색을 뇌물로 바쳐 그를 즐겁게 해주고, 공손한 태도로 그의 뜻에 따르는 척해줍니다.

[이익, 약속, 신뢰] 적국의 군주에게 값진 보물을 바쳐 친교를 맺고, 공동으로 사업을 성취해 그에게 이익이 돌아가게 함으로써 아국을 신임하게 하는 것입니다. 이렇게 적국은 아국과 친교가 깊어지게 되고, 아국은 그러한 적국을 이용할 수 있게 될 것입니다. 한 나라가 다른 나라에 이용당하면, 그 나라는 반드시 패망하고 맙니다.

[친절, 희망, 신뢰] 아군이 먼저 몸을 낮추어 적을 섬기는 것처럼 해서 신뢰를 얻고, 하는 일마다 정성을 다하여 받들어주고 응해주어 마치 같이 공생하는 관계인 것처럼 보이게 합니다. 그렇게 해서 적에 대해 알아야 할 것을 속속들이 파악할 수 있습니다.

[친절, 신뢰] 적국의 군주가 신임하는 신하와 친분을 유지해 아국에 대한 적개심을 없애도록 유도하는 것입니다. 이렇게 하여 아군에 대한 적의를 감소시켜야 합니다. 적국의 조정에 충신이 없어지면 그 나라는 반드시 위태로워질 것입니다.

이 모든 속임수에는 하나같이 신뢰가 알알이 박혀 있고,

이익과 약속, 희망이 곳곳에 포진해 있다. 또한 접근해오는 그 태도마저 친절하니, 이러한 심리적인 토대에서 쉽게 당하는 것이다.

하얀 거짓말을 무기로 쓰는 법

부엌의 칼은 음식을 할 때 쓰이는 도구이면서, 동시에 살인 도구가 될 수 있다. 사용하는 사람의 의도와 목적에 따라 전혀 다른 결과를 만들어내기 때문이다. 마찬가지로 사기 수법 역시 잘만 활용하면 누군가를 설득하거나, 혹은 나 자신을 변화시키는 데도 큰 도움이 될 수 있다.

잘못된 길로 가려는 사람을 다시 정상으로 되돌려놓기 위해 무조건 비난하고 질타하는 것으로는 오히려 마음을 닫게 만들고, 반발심만 키울 수 있다. 따라서 친절하고 부드러운 태도로 말하고 행동해야 한다. 반발심 없이 신뢰감의 토대 위에서 제안을 받아들이기 때문이다. 여기에 변화를 통해 얻게 될 구체적인 이익을 설명하고, 그로 인해 맞이하게 될 밝은 미래의 희망을 약속해준다면 설득의 힘은 더욱 커진다. 그렇게 하면 아무리 고집이 센 사람이라도

'이 사람의 말이라면 한번 들어볼 만하네'라는 생각이 들게 된다.

우리가 알고 있는 공자孔子 역시 바로 이러한 방법에 정통했다. 그는 "정치로 다스리고 형벌로 다스리면 백성은 죄를 피할 뿐 부끄러움을 모른다. 덕으로 이끌고 예로 가지런히 하면 부끄러움을 알고 스스로 바르게 된다"고 말했다. 오히려 비난과 질타를 삼가고 친절과 부드러움으로 변화를 이끌어내라는 이야기다.

또 공자에게는 자로子路라는 제자가 있는데, 다소 문제가 있는 인물이다. 성격이 너무 급하고 말도 직선적이어서 종종 불화를 일으켰기 때문이다. 이때에도 공자는 자로에게 "자로야, 너는 단순히 거친 사람이 아니다. 그 용기를 올바른 길로 쓰면 천하의 용사가 될 것이다"라고 말했다. 이는 '천하의 용사'라는 이익과 희망을 보여주는 방식이다.

나 자신을 변화시키는 일도 마찬가지다. 자신이 한 잘못과 실수를 자책하고 열등감에 사로잡히지 말고, 따뜻하게 돌보는 친절한 자세에서부터 시작되어야 한다. 그다음으로는 '나는 변할 수 있다'는 자기 신뢰가 필요하다. 변화했을 때 얻게 될 이익을 구체적으로 상상하고, 그로 인해 펼쳐질 새로운 희망의 그림을 그려보아야 한다. 그리고 그 희망을 현실로 만들겠다고 자기 자신과 약속한다면, 그 약속이 곧 강력한 실행의 원동력이 된다. 이는 실제 연구 결과에서도 증명된 사실이다. 이른바 '자기 친절 Self-Compassion'이라는 것을 실천하면 정서적으로 안정되고, 실행력이 강해져 변화의 가능성이 한층 높아진다. 무엇보다 실패 후 자기 비난이 강해지는 시기에 이런 방법은 더욱 효과가 있다. 뿐만 아니라 구체적인 이익을 스스로 시각화해 마음속에 담아두면 목표 달성의 가능성이 상당히 높아질 수 있다.

이렇듯 누군가를 속이는 '희망, 신뢰, 이익, 친절, 약속'이라는 5가지 키워드는, 자신이 어떻게 쓰느냐에 따라 내 주변 사람과 나 자신을 위한 훌륭한 무기가 되기도 한다.

살 길이 보이면 적은 목숨 걸지 않는다

고도의 심리전을 위한 '희망'의 활용

"포위한 군사에게 반드시 틈을 내어주는 것은,
필사적으로 싸우려는 마음을 없게 하려는 것이다."

『삼략』

살다 보면 누군가를 질책하거나 비판해야 할 때가 있다. 특히 나이가 많거나 다소 높은 지위에 있는 사람이 그렇지 않은 사람에게 이렇게 하는 경우가 많다. 다만 누구라도 이런 질책과 비판을 하는 것을 너무 좋아해서 하는 사람은 그리 많지 않다. '싫은 소리'는 듣는 사람도 싫지만, 하는 사람도 싫게 마련이다. 그러다 보니 한 번 할 때 '따끔하게' 말하고, '다시는 이런 일이 발생하지 않도록' 단단히 다짐을 받고 싶은 마음이 생길 수밖에 없다. 그러다 보면 수위와 강도가 높아지는 것이 자연스러운 일이다. 전쟁에 비유하면, 적이 다시는 도발하지 못하도록 궤멸하려는 것이다. 상식적으로 봐도 이러한 조치는 매우 합당한 듯이 보인다. 한 번에 완전히 이기지 못하면 뭔가 찜찜하고 완전한 승리라고 보기도 힘들기 때문이다. 하지만 고대 병법서에서는 이러한 극단적인 궤멸을 피하라고 조언한다. 만약 그러한 시도를 했다가는 오히려 거센 역풍이 불기 때문이다.

상대의 의지를 꺾는 법

전투에서 가장 극적인 마무리는 남아 있는 적을 포위한 후 최종적인 항복을 받아내는 일이고, 만약 항복하지 않는다면 궤멸의 수순으로 들어가는 장면이다. 누가 봐도 통쾌하고 속 시원한 감정을 느낄 수 있다. 하지만 이상하게도 병법서에서는 그렇게 해서는 안 된다고 말한다.

적을 포위할 때는 반드시 한쪽을 열어주어 빠져나갈 길을 보여주고, 막다른 데 처한 적을 추격해서는 안 된다.

『손자병법』

161

적을 추격해서 섬멸하는 것은 기본적인 전쟁의 방정식이라고 할 수 있는데, 이를 하지 말라는 것은 전투 의지가 너무 약한 것은 아니냐고 생각할 수도 있다. 하지만 이러한 '추격 금지', '궤멸 금지'는 오히려 고도의 심리전에 해당한다고 볼 수 있다. 앞서 우리는 '죽을 환경'에 처하면 '죽을 각오'를 내게 되고, 결국 이것이 생존의 비결이 된다는 사실을 살펴봤다. 반대로 적의 입장에서 보면 빠져나갈 구멍이 없는 완벽한 포위, 그리고 심지어 도망가고 있는데도 죽기 살기로 따라오는 적이 있다면 이 자체가 바로 '죽을 환경'이라고 할 수 있다. 그러니 그들 역시 '죽을 각오'를 내게 되어 필사적으로 싸우는 환경을 만든다. 이런 상황에서 전세가 역전될 수도 있으며, 설사 승리하더라도 그 피해가 막대할 수 있다.

> 포위한 군사에게 반드시 틈을 내어주는 것은, 그들에게 살길을 보여줌으로써 필사적으로 싸우려는 마음을 없게 하려는 것이다.
>
> 『삼략』

더 중요한 사실은 이렇게 한쪽 구멍을 통해 도망가려는

상황 자체가 이미 그들의 마음을 혼란하게 만들어놓는 일이라는 점이다. 적군의 마음에 '나도 죽지 않고 살 수 있겠구나'라는 희망을 줌으로써 그들은 더 이상의 전투 의지를 잃어버리게 된다.

> 만약 기회를 보아 공격하려 한다면 반드시 포위하되 한쪽을 비워두어야 한다. (…) 그러면 그 무리(적군)의 마음이 흩어져 궤멸시킬 수 있다.
>
> 『오자병법』

결국 작게나마 '희망'을 보여주어 마음을 풀게 하고, 그결과 더 이상 전투하면서 죽고 싶지 않은 마음을 키우고, 그렇게 흩어지는 상태에서 비로소 궤멸이 가능하다는 이야기다.

공멸이 아니라 공존의 선택

군사 작전에서의 이러한 방법은 누군가를 질책하거나 비판할 때도 충분히 감안해야 할 전략이다. 만약 누군가 잘못을 저질렀다고 해서 너무 과도하게 몰아붙이면 그때 사람은 흔히 말하는 '너 죽고 나 죽자' 하는 상태가 될 수 있다. 비록 내가 죽는 희생이 있더라도, 너는 반드시 죽이겠다는 심리다.

이는 게임 이론Game Theory에서도 나타난다. 게임 이론이란 둘 이상의 참여자가 서로 이익이나 손해가 연결된 상황에서 어떻게 의사 결정을 내리는지 분석하는 학문이다. 이 이론에 따르면, 한쪽 편이 아무런 퇴로도 없는 상태, 곧 더 이상 선택지가 없는 상태라면 결국 '공멸'을 선택하게 된다는 점이다. 그런데 이 선택은 감정에 치우친 것처럼 보이지만, 사실은 매우 합리적인 선택이다. 어차피 내가 얻을 것이 제로(0)인 상태에서는 상대방도 얻는 것 없이 제로(0)가 되어야 공평하다고 생각하기 때문이다. 따라서 언제든 탈출구와 퇴로를 열어주어야 나의 피해도 줄어든다.

실제로 희망이란 매우 막강한 영향력을 미친다. 『삼국지』의 조조가 천자의 권위를 빌려 점차 자신의 영향력을 높여갈 때였다. 원술袁術이 스스로를 '황제'로 칭하면서 반란을 일으켰다. 그러자 조조는 대규모 군사를 이끌고 원술의 군대를 점차 압박해 들어갔고, 그 잔당이 남아 있는 성을 포위하는 상태에까지 이르렀다. 이때 조조의 많은 장수는 단숨에 쳐들어가자고 말했다. 하지만 조조의 생각은 달랐다. 이미 원술의 남은 군대는 '죽기를 각오하고 싸울 태세'에 들어갔다고 판단했다. 만약 그 상태에서 다시 전투를 벌인다면 조조의 군대에도 상당한 피해가 생길 수밖에 없다.

결국 조조는 한쪽 성문을 열어주라고 지시했다. 이렇게 퇴로라는 '희망'을 본 원술의 군대는 죽기를 각오하고 싸우기는 포기하고 '나도 살 수 있다'라는 희망으로 급격히 전세가 약화했다. 그리고 밤이 되자 그들은 문을 통해 하나둘 도망갔고, 조조는 원술의 반란을 완벽하게 진압했다.

조조의 사례는 누군가를 압박하거나 밀어붙이더라도 마지막 희망은 남겨두어야 한다는 점을 잘 알려준다. 이러한 사실이 매우 극명하게 드러나는 사회적 사건을 종종 볼 수 있다. 연예인과 매니저, 국회의원과 보좌관 사이에서 때로 극단적인 싸움이 시작될 때다. 이들 사이에는 일정한 위계가 있다. 그런 점에서 연예인과 국회의원은 매니저와 보좌관을 함부로 대하거나, 심하게 질책하거나 비난할 수가 있다. 이러한 을의 입장이 되어 반감이 격해지면 그들은 결국 반격을 시작한다. 자신이 알고 있는 내밀한 정보를 언론에 이슈화하면서 상대를 공격하는 것이다. 선배와 후배,

아버지와 아들이라는 일정한 위계 질서에서는 물론이고, 친한 친구나 연인, 부부 사이에서도 상대방을 극단적으로 몰아세우면 오히려 반격당할 수 있다.

누군가의 잘못을 고치려는 생각은 순수한 마음의 발로일 수도 있고, 상대방에게 관심이 있다는 반증이기도 하다. 하지만 그 방식이 지나치게 거칠고 과도하면 상대방은 그것을 곧이곧대로 받아들이지 못한다. 이러한 점까지 염두에 둔다면 순수한 마음의 발로와 관심이 더욱 가치 있게 실현될 것이다.

괜한 자랑은 공격의 빌미가 된다

유리한 형세를 만드는 정보 비대칭 전략

"형태가 없으면 깊숙이 침투한 간첩도 엿볼 수 없고,
지혜로운 자도 계책을 세울 수 없다."

『손자병법』

인간은 알 수 없는 것에 본능적인 공포감이 있다. 미국 공포문학의 거장으로 평가되는 러브크래프트H. P. Lovecraft는 "인류의 가장 오래되고 강력한 감정은 공포이며, 그중에서도 가장 강력한 공포는 '알 수 없는 것'에 대한 공포다"라고 말했다. 때로 '미지의 세계'에 호기심을 갖기도 하지만, 그것 역시 어느 정도는 공포심이 동반된 호기심이라고 할 수 있다. 그런데 이는 내가 상대방에게 무척이나 두려운 존재가 되는 방법을 알려준다. 나를 드러내지 않고 예상 가능하지 않도록 만들면, 나는 상대방에게 매우 두려운 존재가 될 수 있기 때문이다. 그래서 오랜 전쟁의 역사에서는 '군대의 상태를 외부로 드러내지 않는 것'을 무척이나 강조했고, 이를 통해 승리하는 법을 알려준다.

오늘날에도 마찬가지다. 자신을 드러내고 브랜드화하는 것이 성공의 중요한 기반이 되기도 하지만, 자신의 감정과 상태를 너무 적나라하게 드러내거나 혹은 누군가로부터 인정받기 위해 '보여주기식 삶'을 살면 이 역시 공격의 빌미가 되는 것은 물론, 차분하고 내실 있는 자신을 만들어나가는 일에는 방해가 될 수밖에 없다.

싸움의 주도권을 얻는 법

세상에서 가장 쉬운 싸움은 나를 우세로 올려놓고, 상대는 열세로 내려놓는 일이다. 이런 불균형한 상태에서는 그저 툭 건드리기만 해도 상대는 분열하고 쓰러진다. 하지만 문제는 내가 늘 우세를 점할 수는 없다는 점이다. 그런데 우세를 점하는 방법에 대해 병법서는 한 가지 방법을 알려준다. 그것은 바로 자신을 암흑 속에 감추는 일이다. 그럴

게 하면 상대방이 아무리 우세에 있다고 한들, 나를 파악할 수 없고, 그 결과 나에 대한 대응책을 세울 수 없다. 곧 상대방의 우세가 열세로 변한다는 이야기다. 따라서 나를 감춘 채 상대방을 훤히 파악하면 그 자체가 이미 '이기는 구조'라고 볼 수 있다. 『손자병법』은 이렇게 말한다.

> 적의 형태나 대비 태세는 드러나게 하고, 나의 형태나 대비 태세는 드러나지 않게 한다는 것은 곧 나는 뭉치고 적은 분산하게 되는 것과 같다. 나는 한 개로 뭉치고 적은 열 개로 나뉘는 것이다. 이는 곧 나는 열 개로 적 한 개를 공격하게 되는 것과 같은 이치이니, 나는 전투력이 우세해지고, 적의 전투력은 열세해지는 것과 같다.

> 병력을 배치하여 형태를 드러내는 것의 극치는 무형無形에 이르는 것이다. 형태가 없으면 깊숙이 침투한 간첩도 엿볼 수 없고, 지혜로운 자도 계책을 세울 수 없다.

그런데 심지어 아군 내에서도 장수는 병사에게 감출 것은 감춰야 한다고 말한다.

장수가 군무를 처리함에 있어서는 침착하면서도 주도면밀해야 하며, 지휘함에 있어서는 바르게 해야 하며, 병사들의 눈과 귀를 가려 꼭 필요한 것 외에는 아는 것이 없게 해야 한다.

가히 이 정도 수준이라면, 전쟁이란 결국 '감추기 전쟁'이라고 해도 과언이 아닐 것이다.

허점은 공격의 빌미가 된다

병법서가 알려주고자 하는 것은 곧 '정보의 비대칭성 Information Asymmetry'이 가지고 있는 매우 강력한 힘이다. 이는 거래나 관계에 참여하는 두 주체가 동일한 정보를 가지고 있지 않은 상태를 말한다. 만약 한쪽이 다른 한쪽보다 더 많은 정보를 가지고 있다면, 다른 한쪽은 불완전한 상태에서 의사결정을 해야 하므로 매우 불리한 상황에 놓이고 되고, 결국 잘못된 의사결정을 하게 될 가능성이 매우 높아진다.

이렇게 자신을 암흑 속에 감추는 정보의 비대칭성을 최

대한 잘 활용한 장수가 있다. 바로 오나라의 육손陸遜이다. 그는 『삼국지』의 유비와 대적한 적이 있다. 다만 육손은 잘 알려지지 않은 젊은 장수였기에 베일에 가려져 있던 인물이다. 유비 역시 육손이 어떤 성향인지 잘 모를 수밖에 없었다. 육손과 유비의 군대는 각각 전쟁터에 당도하기는 했지만, 이상하게도 육손은 전혀 싸울 의지가 없어 보였다. 진영은 갖췄지만 구체적인 전투 준비를 하지 않은 것이다. 같은 편 내부에서도 '왜 우리 육손 장수는 싸움을 하지 않으려고 하는가?' 하는 의문이 고개를 들기 시작했다. 하지만 육손은 변함이 없었다.

이러한 모습을 본 유비는 당황할 수밖에 없었다. 육손이 어떤 인물인지도 모르는 상태에서 그의 군대가 전혀 움직임이 없자 육손의 전략을 파악하기가 난감했기 때문이다. 유비는 일단 육손을 향해 '글만 아는 서생'이라고 조롱해보았지만 별 소용이 없었다. 그러자 유비는 육손이 정말로 겁을 먹고 싸움을 하지 않는다고 판단했고, 과감하게 공격하면 이길 수 있다는 자신감이 들었다. 결국 유비는 공격 명령을 내렸고, 육손의 과감한 반격은 바로 그때 전광석화처럼 이루어졌다. 육손은 마치 유비가 먼저 싸움을 걸기를 기다리기라도 한듯이 "지금이야말로 불로 공격할 때다"라며 화공火攻 명령을 내렸다. 이에 유비의 군대는 전혀 예상하지 못한 갑작스럽고 강력한 화공에 속절없이 무너져내렸다.

육손은 거의 완벽하게 자신을 암흑 속에 감췄고, 유비에게 그 어떤 정보도 주지 않았다. 그리고 이러한 정보의 비대칭성 속에서 유비는 대패하고 만 것이다.

인생을 살면서 다른 사람을 공격하지는 않더라도 내가 공격당하는 이유는 알아야 한다. 내가 누군가에게 모함을 당하거나 구설에 휘말린다면 그 이유는 바로 나를 너무 드러냈기 때문이다. 그것도 나를 자랑하는 것들을 드러내어 질투와 질시를 샀기 때문이다.

배부른 자는 음식을 탐하지 않는다

그뿐만 아니라 자신도 모르게 '보여주기식 삶'에 오염될 가능성도 있다. 자랑은 그 특성상 한번 하면 계속하게 된다. 하버드대학교 신경과학자팀은 자신을 자랑할 때 얻게 되는 쾌감은 경제적 이득을 얻거나, 혹은 성행위를 하는 수준의 높은 쾌감을 가져다준다고 말한다. 하지만 이러한 쾌감은 시간이 지나면 반드시 줄어들기 때문에, 계속해서 자랑을 해야 그 쾌감의 수준이 유지된다. 그래서 자랑에 익숙한 사람은, 언제 어디서든 자랑을 하게 되는 것이다. 하지만 이런 사람들에 대해 우리가 갖는 이미지, 그리고 평가는 굳이 말하지 않아도 될 것이다.

무엇보다 중요한 점은 이러한 자기 정보의 노출은 결국 자신에게 있는 내적 결핍을 드러내는 일일 뿐이다. 자랑, 혹은 보여주기식 삶의 궁극적인 목적은 결국 자신의 가치를 타인에게서 인정받고, 이를 통해 자신의 가치를 높이려는 시도다. 하지만 누가 뭐라 하지 않아도 스스로 자기 가치가 높다고 생각하는 사람은 굳이 타인에게서 자기 가치를 인정받고 싶어 하지 않는다. 이미 배가 부른 사람이 또 음식을 먹지 않듯, 스스로 충분한 가치가 있다고 여기는 사람은 또 다른 누군가에게 가치를 인정받지 않아도 된다는 이야기다.

전쟁에서든 일상에서든, 자신의 상태를 잘 드러내지 않고 꼭 필요한 일만 하면 다방면에서 이득이며, 분명히 긍정적인 효과를 가져올 것이다. 아는 것보다 적게 말하면, 원하던 것보다 더 많이 얻을 수 있다.

사람을 판단할 때는 귀를 닫아라

호평을 맹신하지 말고 악평에 매몰되지 마라

**"너무 쉽게 허락하면 위엄을 잃게 되고,
처음부터 거절하면 언로言路를 막게 됩니다."**

『육도』

병법서는 단순히 전장에서 피 터지게 싸우는 방법만 알려주는 것은 아니다. 때로는 '사람이란 무엇이며, 어떻게 대해야 하는가?'에 대한 묵직하고도 진중한 질문을 하고 그에 대한 나름의 답을 해준다. 다만 병법서는 인간의 본질을 탐구하는 철학서는 아니기에, '전쟁에서의 사람'이라는 면을 집중하여 부각하고 그에 맞는 답변을 한다. 그래서 '사람을 어떻게 파악하고, 그의 약점은 무엇이며, 그것을 어떻게 이용할 것인가?'라는 더욱 현실적인 차원의 통

174

찰이 주를 이룬다. 물론 이것이 사람을 바라보는 관점의 모든 것일 수는 없지만, 늘 사람과 부딪히며 때로 사람에게 피해를 입고 피해를 주는 우리의 입장에서는 매우 유용한 내용이 될 수 있다.

『육도』는 이 부분에 상당한 분량을 할애한다. 그 내용은 여러 범주에서 살펴볼 수 있는데, 우선 사람을 대하는 가장 기본적인 태도를 제안한다. 그것은 바로 '믿지도 말고, 안 믿지도 말라', '쉽게 허락하지도 말고, 쉽게 거절하지도 말라'는 것이다. 어떻게 보면 매우 이중적인 태도일 수 있는데, 그것이 가져다주는 유용성은 생각보다 크다.

사람은 입체적으로 오래 보고 판단하라

우리는 보통 세상 사람을 대할 때 '좋은 사람', 혹은 '나쁜 사람'으로 분류한다. 그래서 좋은 사람이라는 판단이 들면 그때부터는 깊이 신뢰하고, 나쁜 사람이라는 판단이 들면 믿지 않고 또한 늘 경계하는 마음을 품게 된다. 하지만 이렇게 하는 이유는 우리의 생각이 짧거나 단순하기 때문은 아니다. 이는 본능에 따른 매우 합리적인 판단이다. 인류는 그 초창기부터 자신의 생존을 위해 주변 사람을 빠르게 판단해, 친구인지 적인지 파악해야 했다. 그러니 '좋은 사람 vs 나쁜 사람'의 판단 기준은 그에 매우 합당하다. 게다가 우리에게는 인지적으로 후광 효과Halo Effect라는 것까지 있어 장점이 단점을 가리거나, 단점이 장점을 사라지게 하는 현상이 생겨난다. 이 두 가지 점을 감안한다면, 우리는 사람에 대한 직관적인 판단에서 늘 브레이크를 걸어야 하고, 자주 되돌아보아야만 한다.

가장 먼저 해야 할 것은 바로 사람에 대한 일반적인 평가 자체를 믿지 않아야 함을 병법서에서는 역설한다.

> 군왕이 세속에서 훌륭하다고 호평을 듣는 자를 어진 인물이라고 여기고, 세속에서 악평을 듣는 자를 어질지 못한 인물이라고 여긴다면, 붕당朋黨(서로 이익이 맞는 사람끼리 모인 집단)이 많은 자는 등용되고, 붕당이 적은 자는 물러나게 됩니다. 이와 같이 되면 신하들은 서로 붕당을 지어 결탁하고 현명한 이를 가리게 됩니다. 이런 방식으로 나라를 다스리면 반드시 어지러워지며 심하면 멸망에 이르게 됩니다.
>
> 『육도』

붕당은 사적이면서 폐쇄적인 성격이어서 현명하고 어진 사람도 여기에서 배제될 수 있다. 따라서 자신이 직접 상대방을 겪고 평가하지 않은 상태에서, 무작정 누군가를 악평하거나 호평하는 말을 믿어서는 안 된다고 지적한다.

또 병법서에서는 '단일한 정체성'을 가진 사람은 없다고 말한다. 예를 들어 '정의롭기만 한 사람'이라든가 '욕심만 가득 찬 사람'과 같은 방식으로 누군가를 단정하기는 매우 힘들다는 점이다. 결국 우리는 정의롭기도 하면서, 욕심도 있는 존재이며 단지 어느 쪽이 좀 더 우세하느냐가 관건이다. 『손자병법』에서는 군주가 가지게 되는 여러 가지 마음을 지적하고, 어떤 것이 성패를 가르는지 말한다.

> 의로움이 사사로운 욕심을 이기면 나라가 창성하고, 욕심이 의로움을 이기면 나라는 망합니다. 공경하는 마음이 이기면 길하고, 게으름과 태만함이 공경하는 마음을 이기면 나라는 멸망하게 됩니다.

여기에서 손자가 '이긴다'고 표현한 것은 바로 두 마음이 공존하면서 끊임없이 경쟁하기 때문이다. 이는 사람이 단일한 정체성을 가진 존재가 아니라는 점을 말해준다. 어떤 면에서 우리는 모두 '다중 인격자'이며, 상황에 따라 특정한 성격이 우세하게 드러날 뿐이다. 이러한 조언은 '사람은 단일한 정체성을 가지고 있다'는 우리의 믿음을 되돌아보게 한다. 병법서의 이러한 의견들을 종합해보면, 사람을 일방적으로 믿는 것도, 반대로 일방적으로 믿지 않는 것도 모두 피해야 한다.

즉답을 피하는 게 유리하다

사람을 대하는 또 하나의 중요한 태도는 상대의 말을 받아들이거나 거절할 때다. 우리는 자신이 좋아하는 사람의 말은 다소 흔쾌하게 받아들이고, 그렇지 않은 사람의 말은 아예 배제하려는 경향이 있다. 하지만 이런 부분에서도 주의해야 한다. 『육도』에서는 '군주가 남의 말을 들을 때 어떻게 해야 하나?'라는 질문에 이렇게 답한다.

> 너무 쉽게 허락하거나, 처음부터 거절하지 말아야 합니다. 너무 쉽게 허락하면 권위를 잃게 되고, 처음부터 거절하면 언로言路를 막게 됩니다.

곧 속마음으로는 '괜찮은 제안인데?'라고 생각하더라도 곧바로 승낙하지 않는 태도, 그리고 반대로 '뭐 이따위 제안을 하지?'라고 생각하더라도 곧바로 거절하지 않아야 한다. 이는 일종의 의사 결정에서의 지연 작전이라고 할 수 있다. 호락호락하게 넘어가지 않는 사람이라는 이미지로 위엄을 지킬 수 있고, 모두의 의견을 신중하게 생각한다는 이미지를 주어 다음에도 좋은 조언을 받을 분위기를 조성할 수 있다. 특히 이런 태도는 시간을 벌어서 충분히 상대의 제안을 생각해보고, 그 이면에 있는 위험성을 분석할 가능성을 높인다.

당나라의 기틀을 세운 당 태종 이세민은 이와 같은 묵직한 태도로 통치자의 권위를 지킨 인물이다. 당시에는 '간관諫官'이라는 직책이 있었다. 바로 군주의 결정에 대해 최대한 솔직하게 문제점을 지적하고 비판하는 역할이다. 이를 맡은 이가 바로 위징魏徵이다. 하지만 아무리 직책이 그러하다고 한들, 듣는 사람의 입장에서는 때로 불편하고 기분 나쁜 것이 사실이다. 하지만 당 태종은 자신의 감정을 겉으로 잘 드러내지 않았고, 즉각적으로 수용하거나 거절하지도 않았다. 그래서 시간을 두고 충분히 생각했고, 상당수를 반영하기도 했다. 이렇게 하자 위징 역시 매번 자신의 의견을 매우 솔직하게 말했고, 그것이 당나라를 발전시키는 데 큰 도움이 되었다. 당 태종은 자신의 권위도 지키고 직언도 계속할 수 있게 하는 전략을 구사했다고 볼 수 있다.

그런데 이러한 지연 작전은 또 다른 의외의 효과를 거둘 수 있다. 바로 행동경제학이 말하는 '혜택의 보강'이라는 것이 이루어지기 때문이다. 상대방의 말에 빠르게 반응하지 않고 침묵하면, '내 말이 이상한가? 저 사람에게 잘 받아들여지지 않나?'라고 여겨 자신의 주장에 대해 더 많은 증거를 보강한다는 이야기다.

예를 들어 가격을 협상할 때 첫 제안에 침묵을 유지하면 상대방은 "물론 조금 더 조정할 여지는 있습니다"라거나 "그러면 이런 추가 조건은 어떠세요?"와 같이 추가적인 혜택을 주려고 한다. 이처럼 너무 빠르게 응답하지 않는 단순한 방법으로 더 많은 혜택을 이끌어낼 수 있다.

이러한 내용은 한비자韓非子의 가르침에서도 알 수 있다. 그는 "군주가 좋아하고 싫어하는 것을 드러내지 않으면, 신하는 자신의 본모습을 다 드러내게 된다"고 말했다. 곧 신하들은 다소 모호한 군주의 반응에 더 많은 혜택을 보강하거나, 혹은 자신의 본심을 드러낸다는 것이다.

병법서에서 조언하는 사람에 대한 통찰이 너무 삭막하게 여겨질 수도 있다. 사람은 모두 다중 인격자이며, 믿지도 말고, 안 믿지도 말라, 거기다가 속마음을 숨기면서 응답을 지연하라는 것 역시 다소 비인간적으로 느껴질 수도 있다. 그러나 전쟁이란 언제나 냉정한 혈투이며, 자칫 한 번 당하는 것으로 큰 피해를 남기는 법이다. 따라서 사람으로 인해 큰 상처를 받아본 사람이라면, 혹은 사람으로부터의 큰 상처를 예방하고 싶은 사람이라면, 반드시 염두에 두어야 할 내용임에는 틀림이 없다.

심리전의 승자는 기대보다 더 준다

싸울 때 알아야 할 기브 앤 테이크 법칙

"적에게 이로움을 주는 척해야 상대가 반응한다."

『손자병법』

우리가 하는 대부분의 말과 행동은 자신이 원하는 것을 얻어내기 위해서다. 심지어 웃는 표정이나 사소한 손짓마저도 때로는 비슷한 역할을 한다. 하지만 자신이 일방적으로 명령을 할 수 있는 위치가 아닌 이상, 대부분은 협상과 설득으로 원하는 것을 얻게 된다. 문제는 이럴 때 우리는 '내가 원하는 것'에 시야가 한정된 나머지, '상대방이 원하는 것'을 종종 잊는다는 점이다. 따라서 내가 원하는 것을 먼저 말하고 요구하는 반면, 상대방이 원하는 것에는 무관

심해질 수 있다. 하지만 이런 방식으로는 제대로 된 목표를 달성할 수 없다.

병법에서는 '이익'을 매우 강조하는데, 그 이유는 이 이익이 사람을 움직이는 중요한 동력이기 때문이다. 따라서 상대방이 원하는 것을 먼저 제시하고 자신이 원하는 것을 얻어내는 전략을 취해야 한다고 말한다. 우리가 이 원리를 알게 되면 병법서의 원리를 일상에서 적용할 수 있는 것은 물론이고, 상대방이 나에게 이익을 던질 때 그것에 속아 넘어가지 않는 법까지 깨우칠 수 있다.

'이익'을 눈덩이처럼 키우는 법

싸우려는 두 나라의 군대가 대치는 하고 있지만, 잘 움직이지 않을 때가 종종 있다. 권투에서도 그저 툭툭 잽만 던지면서 한동안 강펀치를 날리지 않는 모양새다. 전투에서도 아직 적의 빈틈을 발견하지 못했거나 자신의 준비가 충분하지 않을 때 이런 대치 상태가 이어진다. 그런데 이런 상황을 타개하기 위해 매우 좋은 방법이 하나 있다. 바로 적이 보기에 '이익'인 것을 던져주는 것이다.

적에게 이로움을 주는 척해야 상대가 반응한다. 그러면 아군의 대비 태세를 철저히 하면서 적이 오기를 기다리는 것이다.

『손자병법』

여기에서의 이익이란, 전투에서 상대방에게 유리하게 느껴지는 거짓 정보나 혹은 약간 후퇴하면서 전리품을 뿌려두는 일 등이다. 이렇게 하면 상대방은 자신에게 유리한 형세가 생겨난다고 생각하면서 움직이기 시작한다. 또 상대방을 분열시킬 때도 이익은 매우 중요하게 작동한다.

어떤 일을 처리할 때 적에게 이익이 있는 것처럼 속이면, 저들은 서로 이익을 얻고자 다투게 될 것입니다. 적이 친한 세력을 분리하려고 하면, 적이 아끼고 총애하는 사람에게 뇌물을 주거나 이익이 되는 것을 보여주고, 이로 인하여 서로 사이를 멀어지게 함으로써 얻고자 하는 바를 얻지 못하게 합니다.

『육도』

이러한 일은 우리의 일상에서도 흔히 벌어진다. 따지고

보면 인생을 좌우할 대단한 이익이 아닌데도, 다투고 분열하고, 그러다 결국에는 애초에 원하는 것보다 작은 것을 손에 쥐는 일도 흔하게 생긴다. 하지만 이익이 꼭 이렇게 부정적인 영향만 끼치지는 않는다. 병법서에서는 용맹한 군대를 얻으려면 반드시 이익을 주어야 한다고 말한다.

> 향기로운 낚싯밥 아래에는 반드시 죽음을 무릅쓰고 달려드는 물고기가 있게 마련이며, 후한 상을 내리는 군대에는 반드시 용맹스러운 사내들이 모여들기 마련이다.
>
> 『삼략』

결국 이익은 어떻게 활용하느냐에 따라 상대방을 유인하기도 하고, 분열시키기도 하며, 동시에 나와 함께하는 충성스러운 주변 사람을 구축할 수도 있다는 이야기다.

상대를 감동시키면 얻게 되는 것

다만 여기에서 말하는 이익이 반드시 경제적인 이익만 의미하는 것은 아니다. 돈은 물론이고, 안정감이나 소속

감, 혹은 사랑 역시 모두 상대방이 원하는 이익이 될 수 있다. 따라서 우리는 일상에서 자신이 원하는 것을 얻기 위한 수많은 협상과 설득의 과정에서 반드시 상대가 어떤 것을 원하는지 파악하고, 가장 적절하게 그것을 채워주는 과정을 거쳐야만 한다. 이렇게 하면 상대방은 흔쾌히 마음을 열고 고마운 마음을 담아 보답하려고 할 것이다. 나의 요구를 들어주는 것이 아니라 자신의 고마움을 나에게 받아 달라고 청하게 되는 것이다.

수많은 전투에서 무패의 기록을 달성한 오기吳起는 이익을 먼저 주고, 그에 감격한 상대방이 어떤 행동을 할지 잘 아는 사람이다. 그는 어느 날 종기가 발생한 병사를 치료하려고 입으로 고름을 빨아냈다. 결코 쉽게 볼 수 없는 장면이기에 이 소식은 고향 마을의 병사 어머니에게까지 전달됐다. 그러나 어머니는 대성통곡을 했다. 사람들이 왜 우느냐고 묻자 그녀는 "지난날 그 장군께서 아이 아버지의 고름을 빨아주셨는데, 그이가 감격해 적진으로 돌진하다 죽었습니다. 이제 내 아들도 어디서 죽을지 몰라 우는 것입니다"라고 말했다. 사람은 자신의 이익이 만족되고 채워지면, 그에 대한 충분한 보상을 하려고 한다는 점을 보여준다.

다만 여기에서 한 가지 주의할 점은 상대방이 애초 내가 원하는 것을 100퍼센트 채워주지 못해도, 그것을 용인하고 받아들여야 하며, 그것을 나의 손해라고 여기거나 불평등한 관계라고 생각하지 않아도 된다는 점이다.

사회학과 경제학에서는 '내가 이익을 주면 상대방은 얼마나 그 이익을 되돌려주는가?'에 대한 대답에서 다소 상반된 주장이 있다.

신경경제학자 폴 작Paul Zak은 '신뢰 게임'이라는 실험을 통해 인간의 뇌가 어떻게 사회적 신뢰에 반응하는지 보여주었다. 상대방이 나에게 먼저 신뢰를 주고, 돈이나 정보 등의 이익이 되는 것을 제공하면 뇌에서는 옥시토신을 분비한다. 그 결과 타인에 대한 공감 능력과 친밀감이 급격히 상승해 80퍼센트 정도의 사람은 자신이 받은 것보다 '더 많은 것'을 제공한다.

반면 자신이 받은 것보다 '조금 더 적게' 제공한다는 주장도 있다. 사회학자 조지 호만스George Homans는 이익을 중심에 두고 사람의 관계가 유지되는 방식을 자신이 상대방에게 조금 더 많이 받았을 때라고 설명한다. 이에 따르면 자신이 100을 받았을 때 80 정도를 되돌려주어야 이익이 되는 관계라고 여기고 그 관계를 계속 유지해나간다.

이 두 주장은 모두 일정한 합리성을 갖추었다고 볼 수 있다. 다만 우리는 언제라도 최악의 경우를 먼저 상정해 보수적으로 사고해야 한다. 병법서 역시 언제나 긍정적인 결과보다 최악의 상황을 생각하고 전략을 짠다. 그런 점에서 내가 조금 부족하게 느껴지더라도 그에 만족한다면 충분히 상호 이익을 보장하는 관계를 만들어나갈 수 있다. 한마디로 '향기로운 낚싯밥'을 던져야만 자신의 목적을 이룰 수 있다는 이야기다.

일에서
이기는 구조

승리를 갈구하기 전에
지지 않을 태세부터 갖춰라

intro

미국 펜실베이니아대학교의 심리학 교수 앤절라 더크워스Angela Duckworth는 이런 말을 했다.

"열정은 흔하지만, 견디는 힘은 드물다."

열정이 흔한 이유는 누구나 '나도 성공하고 싶다'는 초기의 마음을 낼 수 있기 때문이다. 그러나 그것은 하나의 출발점에 불과할 뿐, 최종 목적지는 멀고도 멀다. 그래서 중간에 포기하고 다른 길로 빠지기도 한다. 견디는 힘이 드문 것은 바로 이런 이유에서다. 목적지까지 가는 지루하고 힘든 과정을 견뎌나가는 일은 생각보다 힘들기 때문이다. 무엇보다 그 과정은 그저 고통을 감내한다는 것만을 의미하지 않는다. 끊임없이 실수를 줄이고, 함정을 피해나가고, 적지 않은 변수에 대응해야 한다. 확실하게 성공한다는 보장도 없는 상태에서 이 과정을 지속하는 일은 때로 불안감을 부르기도 한다. 하지만 이러한 과정은 이기지는 않았지만 지지도 않은 상태, 그래서 계속해서 성공으로 가는 추진력으로 맞붙는 상황이라고 할 수 있다.

물이 넘치면 견고한 둑도 무너지듯, 바로 이러한 견디는 힘이 축적돼 드디어 승리를 향한 돌파구가 열리게 된다. 그래서 인생 병법에서 가장 중요한 것 중 하나는 성급하게 성공을 갈구하기 전에 그 중간의 견디는 힘, 곧 '지지 않을 태세'를 갖추는 것이다.

기세가 있어야 인생을 장악한다

인생의 흐름을 장악하고 앞으로 치고 나가는 것

"전쟁을 잘하는 자는 기세에서 승리를 찾지,
사람이 가진 개개인의 능력에 책임을 돌리지 않는다."

『손자병법』

누군가가 성공적인 결과를 만들어냈을 때 우리는 대부분 그의 능력이 출중하기 때문이라고 생각한다. 어떻게 보면 너무나 상식적이고 당연하다고 볼 수 있다. 하지만 여기에서 뭔가 놓치는 것이 없는지 되돌아봐야 한다. 모든 성공의 요인을 '출중한 능력'으로만 보는 것은 그저 겉으로 드러나는 결과만 볼 때의 판단일 뿐, 그 과정에서 그 사람이 가졌던 깊은 내면이나 마음의 상태까지는 짐작하지 못하기 때문이다.

오랜 시간 전쟁을 연구해온 병법의 전문가들도 바로 이러한 점에 주목했다. 과연 승리와 패배의 결정적인 요인은 오로지 전투 실력이나 무기만일까? 혹은 눈에 보이지는 않지만, 또 다른 무엇인가가 승패를 좌우하는 것일까? 이러한 탐구에서 주목한 것이 바로 기세氣勢다. 이는 전쟁의 승패에서 개인의 능력보다 더 중요한 것으로 봤다. 기세를 '멈추지 않는 당당한 자신감'이라거나 혹은 '계속해서 열정이 유지되는 상태'라고 볼 수도 있다. 하지만 누구든지 중요한 일을 시작하는 사람이 자신감이나 열정이 없을 리는 없다. 그런데 이런 사람도 실패할 때가 많으니 기세를 이렇게 해석하는 것은 다소 편협하다.

기세로 승부해야 이긴다

영화 <기생충>에서 기세라는 말이 등장하면서 많은 사람의 입에 오르내렸다. 기생충 가족의 아들인 기우가 부잣집 딸 다혜의 영어 과외 수업을 진행하는 장면이 등장한다. 다혜가 30번 문제를 풀려고 하다가 잘 이해되지 않자, 문제집을 앞으로 넘겨 조금 전에 풀지 못한 24번 문제를 읽었다. 이 모습을 골똘히 지켜보던 기우는 사뭇 진지한 표정으로 다혜에게 이렇게 말했다.

"시험이란 게 뭐야? 앞으로 치고 나가는 거야. 그 흐름을, 그 리듬을 놓치면 완전 꽝이다. 24번 정답? 관심 없어. 나는 오로지 다혜가 이 시험 전체를, 어떻게 치고 나가는가, 장악하는가, 거기에만 관심 있다. 실전은 기세야, 기세."

이 장면 이후 많은 사람이 '실전은 기세다'라는 말을 하며 자신의 일에서도 기세를 찾아보려고 노력했다. 사실 기우가 기세에 대해 내린 정의는 병법서에 비춰봐도 매우 훌륭하다. 사람이나 그 사람이 가진 실력 그 자체보다, 기세가 더욱 중요하다고 말하기 때문이다.

전쟁을 잘하는 자는 기세에서 승리를 찾지, 사람이 가진 개개인의 능력에 책임을 돌리지 않는다.

『손자병법』

이런 점에서 기세란, 겉으로는 잘 드러나지 않지만 개개인의 능력과 실력 이면에 있는 진정한 실력이라고 볼 수 있다. 『육도』에서도 나라의 번창과 패망 역시 기세에 달려 있다고 말한다.

옛날에 전쟁을 잘한 사람이라고 해서 하늘 위에서 싸운 것도, 땅 밑에서 싸운 것도 아닙니다. 전쟁의 성공과 실패는 모두 기세를 얻느냐 잃느냐에 달려 있었습니다. 세勢를 얻은 자는 나라가 번창하고, 세勢를 잃은 자는 망했습니다.

그렇다면 우리의 인생도 바로 이러한 기세에 달려 있다고 봐도 무방하다. 이제 중요한 것은 기세가 구체적으로 무엇을 의미하느냐는 점이다.

상황에 따라 변하는 기세의 형태

우선 『손자병법』에는 기세를 이미지로 설명해주는 부분이 나온다.

잘 싸우게 하는 부대의 기세는 마치 둥근 돌을 천길이나 되는 높은 산에서 굴러내리는 것과 같은데, 그것을 바로 기세라고 한다.

그 모습을 상상해보면 참으로 압도적이다. 산 정상에서 무겁고 둥근 돌을 아래로 굴리는 순간, 수많은 잡목과 풀을 짓밟고, 심지어 큰 나무도 부러뜨리며 하강하는 그 모습이야말로 가히 압도적인 기세를 상징적으로 보여준다. 여기에 좀 더 풍부한 설명을 하면 다음과 같다.

> (전투를 잘하는 군대는) 천둥소리에 미처 귀를 막지 못하고, 빠르게 내려치는 번갯불에 미처 눈을 감지 못하는 것처럼 신속히 기동합니다. 달려들 때는 마치 놀란 것처럼 하고, 힘을 쓸 때는 마치 미친 것처럼 씁니다. 이러한 기세를 지닌 군과 싸우는 상대는 격파될 수밖에 없으며, 그 주변 국가들은 멸망을 면치 못합니다. 그 누가 이를 감히 막아내겠습니까.
>
> 『육도』

천둥과 번갯불, 그리고 놀란 표정과 미친 듯이 힘을 쓰는 그 모습은 바로 '기세'가 어떤 모양새인지 잘 보여준다. 이외에도 병법서에서는 기세와 관련해 다음과 같은 표현을 쓴다.

'매서운 기세'

'감당할 수 없는 기세'

'군의 기세가 마치 강둑이 터진 것처럼 되어 (…)'

'금방이라도 활활 탈 것처럼 기세가 (…)'

　이러한 기세가 가진 또 하나의 특징은 '끝장을 봐야 끝을 낸다'는 점이다. 산 정상에서 굴러내리는 거대한 돌덩이가 중간에 느닷없이 스스로 멈추는 일은 없다. 결국 평지에 와서야 그 움직임을 멈출 뿐이다. 그 어떤 것도 방해할 수 없는 끝장을 보려는 태도가 바로 기세의 중요한 한 축이라고 할 수 있다. 다만 기세의 이러한 모습이 처음에만 유지되고 점점 시들해져서는 안 된다.

　이른바 아침에 군사들의 기세가 가장 예리하다고 하는 것은 단지 시각의 개념으로 제한해서 말하는 것이 아니라 하루의 시작과 끝을 예로 들어서 전투의 초기에는 사기가 왕성하고 전투의 말미에는 사기가 떨어짐을 깨우치게 하려는 것입니다.

『이위공문대』

198

결국 기세란, 빠른 속도와 압도적으로 몰아치는 힘, 끝장을 보겠다는 태도를 의미하면서 동시에 그것이 끝까지 유지되는 것을 말한다.

인생은 자신만의 서사로 완성된다

우리의 매일매일은 곧 내 인생의 서사를 써나가는 과정이다. 서사敍事는 단순히 문자적인 의미에서 '일을 순서대로 기록한다'라는 뜻이 있지만, 역경을 이겨내고, 장애물을 넘어서서 뭔가를 성취해내는 영웅적 스토리를 말하기도 한다. 우리의 기억에 남아 있는 훌륭한 위인이나 영웅에게는 모두 이러한 서사가 있으며, 때로 이름 없는 시민도 이러한 서사를 남긴다.

그런데 이런 서사를 남기는 사람의 아주 중요한 특징 하나가 있다. 바로 기세가 강한 사람이라는 점이다. 뭔가 한 가지 일을 하더라도 대충 하는 법이 없고, 한번 시작하면 끝까지 밀어붙인다. 거기다가 최대한 시간을 줄이기 위해 분초를 다투어 노력하고, 이로써 가속도를 만들어낸다. 그어떤 문제나 장애가 발생하더라도 '끝장을 보고야 말겠다'

는 전투력도 엿볼 수 있다.

지금 자신의 머릿속에 위대한 인물을 떠올리고 이를 대입하면 그들이 기세가 얼마나 명확한지 이해할 수 있을 것이다. 이런 사람은 반드시 사람들이 부러워하거나 존경할 만한 성과를 만들어낸다.

그런데 기세 없이 살아가는 사람도 숱하게 많다. 뭔가를 시작했다는 이야기는 들었지만 시간이 지나면 이미 포기한 지 오래고, 힘든 일을 겪었다는 이야기를 들었지만 회복하기는커녕 잠수를 타는 사람이다. 늘 살아가는 것 자체에 매몰되고, 그것만 유지하기도 벅차다 보니 스스로의 힘으로 서사를 써 내려가는 일은 불가능에 가깝다. 그러다 보니 결국에는 "인생이 허무하다"며 인생 자체를 탓하거나, "세상이 불공평하다"며 세상을 탓하기도 한다.

반면에 자신만의 서사를 이뤄낸 사람은 "그래, 내가 그때 그걸 해냈지!"라거나 "그땐 정말 힘들었는데, 다 하고 나서는 큰 성과와 영광을 얻었어"라며 인생과 세상을 무한 긍정한다.

자신만의 인생 서사를 써 내려가는 일이 기세로만 되겠냐고 생각할 수도 있다. 하지만 실력을 쌓고 강인하게 만드는 그 과정 역시 기세에 따라 결정된다. 기세가 있는 사람이 실력을 쌓지 못할 리 없고, 실력이 쌓이면 기세는 자연스럽게 더 강해진다.

<기생충>의 다혜가 그랬듯이, 우리 역시 인생의 개별 숙제를 잘 풀지 못할 수도 있고 때로 오답을 선택하기도 한다. 하지만 기우의 말처럼 단편적인 성공과 실패에는 관심을 가질 필요가 없다. 그 흐름, 그 리듬을 장악하고 앞으로 치고 나가는 것. 인생 전체를 염두에 두고 이 위대한 실전을 반드시 내 승리로 이끌겠다는 기세가 최후의 승패를 결정한다는 사실을 잊어서는 안 된다.

지지 않을 태세가 승자를 정한다

준비된 자는 행운을, 준비되지 않은 자는 불운을 부른다

"적이 공격하지 않으리라는 것을 믿지 말고
적들이 공격할 수 없는 태세가 있음을 믿어야 한다."

『손자병법』

'공격이 최고의 방어다'라는 말을 들어보았을 것이다. 언뜻 듣기에는 맞는 말 같기도 하다. 내가 끊임없이 공격을 해댄다면, 상대는 그것을 막느라 정신이 없고, 따라서 나를 공격할 기회가 줄어들 수밖에 없다. 하지만 병법서에 따르면 공격은 승리를 마무리 짓는 최종적인 계기에 불과할 뿐, 결코 그 자체로 승리를 담보하지는 않는다. 반면 공격 이전에 더욱 중요한 것은 공격을 준비하는 단계, 바로 '지지 않을 태세'라고 조언한다. 최후의 공격을 앞두고 절

대로 무너지지 않을 준비를 하는 것이야말로 승리의 절대 조건이라는 이야기다.

병법서의 이러한 가르침은 승리에 대한 매우 면밀한 분석에서 도출됐다고 볼 수 있다. 승리라는 최종 목표에 다가가려면 그에 걸맞은 필수적인 과정이 필요하고, 이를 위해 반드시 갖추어야 하는 조건이 있어야 하기 때문이다. 이 과정을 거치지 않으면 아무리 많이 공격하더라도 승리는 요원하며, 오히려 반격에 무너질 가능성이 더욱 크다. 이런 식이라면 제대로 된 승부라기보다는 그저 무모한 돌진에 불과하다. 인생을 살면서 이길 때보다 질 때가 많은 사람은 대체로 승리하겠다는 열망만 가득한 채, 정작 그 준비 과정인 '지지 않을 태세'를 갖추지 못했기 때문인 경우가 대부분이다.

하류의 전쟁과 일류의 전쟁

흔히 우리가 상상하는 전쟁이란, 군사들이 함성을 지르면서 총진격하고, 엄청난 육탄전을 치르면서 뒤엉키고, 끝내 불굴의 승리를 쟁취하는 방식이다. 하지만 전쟁을 직업으로 하는 사람에게 이런 방식의 전쟁은 매우 드물다. 함성을 지르며 총진격하는 일은 적에게 자신의 공격 시점을 공개적으로 알려주는 일에 불과하고, 육탄전으로 뒤엉키는 일은 우리 군에도 막대한 손실을 주기 때문이다. 비록 전쟁에서 이기더라도 그것은 '불굴의 승리'가 아니라 '상처뿐인 승리'에 불과하다. 전쟁의 방식 중에서도 최하류 방식이다. 『손자병법』에서 말하는 진짜 전쟁의 과정은 매우 조용하고 차분하며, 은밀하다.

> 잘 싸우는 자는 지지 않을 태세에 있으면서 적 스스로 만든 질 수밖에 없는 상황을 놓치지 않는다.

> 전쟁을 잘했던 사람들은 적이 이기지 못할 나의 태세를 먼저 갖추고 난 이후에, 적의 허점이나 내가 이길 수 있는 상황이 되기를 기다린다.

혼자서 하는 조용한 준비와 기다림, 그리고 마지막 순간에 소리 소문 없이 일격을 가하는 것이 일류의 전쟁 방식이다. 마치 '나비처럼 날아서 벌처럼 쏜다'는 말이 연상되는 대목이다.

태세態勢는 사전적으로 '어떤 일이나 상황을 앞둔 태도나 자세'를 뜻하는데, 병법의 맥락에서는 조금 더 깊은 의미가 담겨 있다. 곧 일정한 힘의 흐름을 유지하고, 외부의 충격에도 무너지지 않도록 에너지를 비축하고, 견고하게 버티는 상태를 말한다. 손가락만 까닥해도 방아쇠가 당겨져 총알이 상대를 뒤덮는 완전 무장의 상태이기도 하다.

복싱 경기를 보면 이러한 태세의 의미를 잘 알 수 있다. 링 위에 올라간 선수는 무작정 주먹을 휘두르지는 않는다. 한 방을 날리기 직전까지 온몸의 힘을 끌어 올리고, 매우 긴장된 상태에서 자신의 주먹이 가장 잘 들어갈 각도를 찾는다. 또한 상대와 나의 거리를 재고 잽을 날리면서 상대의 반응을 체크하기도 한다. 이러한 상태는 아직 공격하지도 않았고 이긴 단계도 아니지만, 결정적 한 방을 날리기 위한 거의 모든 준비가 끝난 상태다. 싸우지는 않았지만, 이미 이긴 것이나 마찬가지다.

수비도 최선의 공격이 된다

수나라는 약 370년 동안의 혼란스러운 위진남북조 시대를 끝낸 통일 제국이다. 지금의 중국을 다시 전체적으로 하나로 합친 나라이니 그 힘과 위세가 어느 정도인지 짐작할 수 있을 것이다. 그런데 수나라의 2대 황제인 양제煬帝는 역사적으로도 그 유례가 많지 않은 300만 명이라는 엄청난 규모의 병사와 군량 수송인원으로 고구려 정벌에 나섰다. 이는 당시 양제의 공격 의지가 얼마나 강했는지 잘 보여준다. 하지만 평양성에 도착했을 때 병사들은 이미 굶주림과 피로로 전투를 치를 수 없는 상태가 됐고, 실제로 공격해도 성문을 단단히 잠그고 버티기에 들어간 을지문덕 장군의 군대를 꺾을 수가 없었다. 이후에도 계속해서 2차, 3차 공격을 했지만 이기지 못했고, 이어 4차 원정까지 하려고 하자 결국 농민들은 '고구려에 가서 죽느니 차라리 반란을 하다 죽겠다'며 봉기를 일으켰다.

결국 준비되지 않은 무리한 공격으로 통일 제국 수나라는 채 40년을 가지 못하고 망하고 말았다. 공격 의지와 규모, 공격 횟수로만 따지면 수나라 양제의 군대는 압도적이었다. 하지만 그들은 열망만 가득했을 뿐, 상대의 버티기하나에도 속절없이 무너질 상태였다. 병법서가 '지지 않을 태세'를 갖추라고 조언하는 것은 바로 이런 이유 때문이다. 그들은 내적으로 일정한 힘의 흐름도 유지하지 못한 채 지쳐 있었고, 더 이상 에너지가 남아 있지 않아 새로운 기회를 노릴 여유조차 없었다. 아무리 자주, 많이 공격한 다고 한들 그 이전에 준비되었어야 할 '지지 않을 태세'가 없었기에 결국 패배하고 만 것이다.

수나라 양제와는 정반대의 인물이 있으니, 바로 『삼국지』의 천재적 지략가 제갈량이다. 그에 대해 "막사 안에서 천 리 밖의 승부를 결정했다"는 평가가 전한다. 직접 전투를 보지 않고도 멀리 떨어진 전장의 흐름을 좌우했다는 뜻이다. 이는 일어날 수 있는 모든 상황을 검토하고, 그에 따른 대응책을 미리 마련해두었기에 가능한 일이다. 『삼국지연의三國志演義』의 저자 나관중羅貫中은 "제갈량은 열 가지 계책을 세워 그중 한 가지만 실행했다"고 평가했다. 다시 말해 제갈량은 천 리 밖의 전투를 지배하기 위해 가능한 모든 시나리오를 계산하고, 그 각각에 맞는 대응책을 준비해둔 것이다. 이러한 대응책이 있으니 지칠 리가 없고 에너지가 소모될 일도 없다. 게다가 상대가 어떤 돌발 공격을 해오든 또다른 플랜 B가 있으니, 천 리 밖에서도 승부를 결정지을 수 있었던 것이다.

승리는 준비된 자를 찾아온다

전쟁에서의 '지지 않을 태세'는 인생을 통해 승부를 결정 지어야 하는 오늘의 우리에게도 중요한 교훈을 준다. 성공 이라는 화려한 외연에만 휩쓸려 준비의 번거로움을 외면 하거나, 실제 자신에게 자원이 충분하지도 않으면서 열망 만 커지지 않도록 경계해야 한다. 또 빠르게 성과를 내고 싶다는 생각에 섣부른 시도를 자주 하다 보면 그 자체가 이미 '질 태세'가 될 뿐이다. 탄탄한 기초를 만들어놓지 않 고, 리스크에 대한 대비도 없이 무엇인가에 무작정 뛰어 드는 일도 마찬가지다. 조급한 마음에 일단 시작하고, '남 들이 하니 불안해서 나도 한다'는 자세 역시 '질 태세'에 가 깝다.

노르웨이의 극지 탐험가이자 1911년 인류 최초로 남극 에 도착한 로알 아문센Roald Amundsen은 이런 말을 남겼다.

"승리는 준비된 자를 찾아오며, 사람들은 이를 행운이라 부른다. 패배는 준비되지 않은 자를 찾아오며, 사람들은 이를 불운이라 부른다."

느닷없는 행운이나 갑작스러운 불운은 존재하지 않는 다. 과정을 어떻게 준비하느냐, 그래서 그 어떤 상황에서도 '지지 않을 태세'부터 갖추냐가 인생이라는 전쟁에서도 승리를 구하는 가장 유력한 방법의 하나가 될 수 있다.

죽을 각오는 죽을 환경에서 나온다

인간이 환경에 100퍼센트 지배받는 존재인 이유

"병사들은 도망갈 곳이 없으면 단결하게 되고
부득이한 상황이 되면 싸울 수밖에 없다."

『손자병법』

우리는 무엇인가 더 나은 상태로 나아가기 위해 늘 주어
진 환경을 극복할 수 있는 의지력을 강하게 하려고 노력한
다. 그 의지가 새로운 변화를 만들어내고, 그것이 삶을 좌
우할 수 있다고 믿기 때문이다. 하지만 과연 그 의지력만
으로 우리가 얼마나 변화할지는 의문이다. 특히 의지력과
환경과 관련해서는 상반된 견해가 존재하는 것도 사실이
다. 인간의 의지력은 분명 자신을 변화시키는 요인이지만,
또한 자신의 의지만으로 환경을 극복할 수는 없다는 의견

도 분명히 존재한다. 이 두 견해를 그냥 적절하게 섞어보면 '인간과 환경은 상호작용하면서, 때로는 극복하고, 때로는 영향을 받는다'고 말할 수도 있을 듯하다. 하지만 이렇게 해놓고 보면 너무 두루뭉술해 보인다. 특히 나의 의지력과 환경이라는 측면에서는 어느 정도 선에서 환경을 바꿔야 할지, 또 어느 정도 선에서 의지를 발현할지 기준도 애매하다. 하지만 이를 해결하는 방법이 하나 있다. 일단 자신을 '환경에 100퍼센트 지배받는 존재'라고 보는 방식이다. 그러니 나의 의지는 매우 무력하다 못해 아예 없다고 보고, 우선 환경 자체를 바꾸려고 노력해야 한다.

이순신 장군의 빛나는 통찰

이순신 장군의 필사즉생 필생즉사必死則生 必生則死에 관한 이야기를 들어보았을 것이다. '반드시 죽고자 하면 살 것이요, 반드시 살고자 하면 죽을 것이다'라는 의미다. 삶과 죽음, 성공과 실패에 대한 역설적인 통찰이 빛나는 문구다. 또한 이런 신념을 가슴에 담고 살면, 참으로 연전연승의 꽃길이 있을 것만 같다. 그런데 한 가지 의문이 든다.

살아 있는 사람이 과연 죽음에 이르는 수준의 각오를 할 수 있을까? 머릿속에 '죽기를 각오하자'고 다짐할 수는 있지만, 정말로 죽기를 각오한 수준의 의지가 발현되는지는 의문이다. 게다가 아무리 의지가 강해도 결국 포기할 때도 많으니, 이러한 '죽을 각오'의 유용성이 어느 정도인지 판단하기가 쉽지 않다.

이순신 장군의 명언은 『오자병법』에서 유래된 것으로 알려져 있다. 필사즉생 행생즉사必死則生 幸生則死, 곧 '반드시 죽고자 하면 살 것이요, 요행히 살고자 하면 죽을 것이다'라는 문구에 크게 감동받은 이순신 장군이 이를 자신에게 맞게 다듬은 것으로 보인다. 또한 『손자병법』에서도 이러한 내용이 자주 등장한다. 다만 병법서들의 원문을 살펴보면 이 '죽을 각오'라는 것이 온전한 의지의 발현이 아니라는 사실을 알 수 있다. 그보다는 오히려 '죽음에 이를 정도의 환경을 스스로 만들어야 한다'라는 것에 좀 더 방점이 찍혀 있다.

『손자병법』에서는 용병을 잘하는 군대를 '솔연率然'이라는 전설적인 뱀에 비유한다. 이 뱀은 머리를 치면 꼬리가 달려들고, 꼬리를 치면 머리가 달려들고, 그 중간을 치면 머리와 꼬리가 둘 다 달려든다. 만약 군대도 이렇게 운영

된다면, 매우 강력한 힘을 낼 수 있다고 말한다. 그런데 문제는 과연 어떤 방법으로 이런 군대를 만드느냐는 점이다. 장수가 평소 병사들을 잘 훈련해 마음으로 복종하게 할까? 아니면 혹독하게 훈련하면 그렇게 할까? 둘 다 아니다. 중요한 것은 그렇게 할 수 있는 환경에 처하도록 해야 한다는 점이다.

> 병사들은 빠져나갈 길이 없으면 오히려 두려워하지 않게 되고, 도망갈 곳이 없으면 단결하게 되고, 적진 깊숙이 들어갈수록 전투 의지는 더욱 단단해지는 등 부득이한 상황이 되면 싸울 수밖에 없는 것이다. 그렇게 되면 병사들은 별도로 가르치지 않아도 스스로 경계하고, 따로 요구하지 않아도 잘 따르며, 굳이 따로 약속하지 않아도 서로 잘 협조하며 (…)

> 병사들이란 죽을 위험에 던져진 후에야 살아남을 수 있고, 사지에 빠진 후에야 살아날 수 있으니, 대체로 병사들이 위험에 빠진 후에야 승패를 결정할 수 있다.

『손자병법』

곧 강력한 용기를 내게 만드는 것은 병사들의 의지가 그 정도 수준에 도달하도록 촉구하는 것이 아니라, '그럴 수밖에 없는 상황'으로 밀어 넣는 것이다.

'배수의 진'이 무서운 이유

가장 대표적인 병법이 바로 일명 배수진背水陣이라고 할 수 있다. 한나라의 명장 한신韓信은 군사 3만 명을 이끌고 조나라의 20만 대군을 맞이한 적이 있다. 병사의 수만 놓고 보면 열세임이 분명했다. 그런데 그는 조나라를 공격하기 위한 좁은 길목에 도착했을 때 강을 등지고 진을 치기 시작했다. 이는 일반적인 병법과는 정반대였다. 보통은 배산임수背山臨水라고 해서, 산을 등지고 물을 앞에 두면서 진을 친다. 이를 본 조나라 군사들은 '한신이 병법도 모르는구나'라고 비웃었다. 그도 그럴 것이 군대가 들이닥쳐 한신의 군대가 강 쪽으로 밀리게 되면 몰살할 게 뻔하기 때문이다. 하지만 강을 뒤에 둔 전략은 병사들의 심리에서는 정반대로 작용했다. 어차피 자칫하면 죽을 테니, 차라리 온 힘을 다해 죽을 각오로 싸우자는 결심을 하게 했다. 그리고 실제 전투 결과, 한신의 병사들은 성공적으로 방어해 냈다. 훗날 이러한 배수진에 관해 묻자 한신은 이렇게 답했다.

"병법에 이르기를 '사지에 빠진 뒤에야 산다'고 하지 않았는가? 우리 병사들은 충분히 훈련되지 않아 만약 퇴로가 있으면 모두 도망갔을 것이다. 그들을 죽을 땅에 두었기에 모두 하나가 되어 싸운 것이다."

이러한 배수진의 원리는 우리 일상에서도 찾아볼 수 있다. 학원 중에는 일명 기숙 학원이라는 곳이 있다. 이런 곳은 문화시설이 거의 없는 산골에 있거나, 외출에 일정한 제약이 있는 막다른 골목 같은 곳이다. 이런 곳에서는 공부라는 하나의 목표에 오로지 집중하게 되고, 합격을 향해 강렬하게 전진하게 된다.

의무병으로서 군대에 입대하는 일도 마찬가지다. 사회와 단절되어 엄격한 규율을 지켜야 하고, 정해진 일과가 강제된다. 때로는 강력한 처벌이 있다는 점에서 역시 배수의 진과 크게 다르지 않다. 그 결과 군인들은 강한 정신력과 체력을 다질 수 있게 되고, 주어진 목표를 훌륭하게 수행하게 된다.

환경을 바꾸면 선택 자체가 달라진다

세계적인 베스트셀러 작가인 제임스 클리어James Clear는 의지보다 환경이 더욱 중요하다고 강조한다. 의지력이라는 것은 마치 휴대폰의 배터리와 같아서 일정한 한도가 있다고 한다. 그래서 하루 종일 의지력을 내는 일은 불가능하고, 1년 내내 같은 의지를 다지는 일도 쉽지 않다. 그래서 그는 무엇인가 바꾸기 위해서는 환경을 다시 설계해야 한다고 말한다. 자신의 환경을 바꾸면 선택 자체가 달라질 수 있기 때문이다. 냉장고에 술을 한가득 쟁여놓고 '오늘 밤은 술을 마시지 말아야지' 하는 것 자체가 어불성설이다. 마찬가지로 휴대폰 앱을 켜서 몇몇 동작만으로 야식이 배달되는 환경에서 '오늘부터 야식을 끊어야지' 하는 것도 말이 안 된다.

동양 고전에 나오는 '섶나무 위에서 잠을 자고 쓸개를 맛본다'는 의미의 와신상담臥薪嘗膽에는 환경을 설정하는 것이 얼마나 강력한 힘을 발휘하는지 잘 보여준다. 오나라 왕 합려闔閭는 월나라와의 전쟁에서 부상을 입고 죽음에 이르게 됐다. 그는 죽기 전 아들 부차夫差에게 "네 아비를 죽인 사람은 월나라 왕 구천勾踐이라는 사실을 잊지 말라"는 유언을 남겼다.

훗날 오나라의 왕이 된 부차는 그때부터 섶나무 위에 누워 잠을 잤다. 섶나무는 땔감으로 쓰이는 여러 잔 나뭇가지를 한데 묶어놓은 것이다. 그 위에서 잠을 자니 그 불편함은 이루 말할 수 없을 것이다. 그가 이렇게 한 이유는 아버지의 유언을 잊지 않기 위해서였다. 그렇게 생활하기를 20여 년, 그사이 강한 군대를 육성했고, 부차는 드디어 월나라를 쳐부수고 복수를 완결했다.

한편 부차에게 굴욕을 당한 구천도 이를 잊지 않았다. 구천은 방에 쓸개를 매달아놓고 아침저녁으로 맛보았다. 그 쓴맛에 얼굴 표정이 찡그려지는 것은 너무도 당연하다. 구사일생으로 살아난 구천은 훗날 부차를 죽이고 오나라를 무너뜨렸다.

이처럼 섶나무와 쓸개라는 환경 설정이 부차와 구천의 미래를 결정했다고 볼 수 있다.

이순신 장군의 말처럼 '죽을 각오'를 하는 것은 매우 중요하다. 매일 그렇게 의지를 다지는 일은 누가 봐도 훌륭하다. 하지만 인간의 의지력은 생각보다 강할 때도 있지만, 그렇지 않을 때도 많다. 따라서 무엇인가 변화시키고 새로운 단계로 진입하고 싶다면, '죽을 각오'를 만들어낼 수 있는 '죽을 환경'을 스스로 설계하고 자신을 그 안으로 의도적으로 밀어 넣는 전략이 무엇보다 중요하다.

승자는 적을 교만에 빠뜨린다

맹수가 공격 전에 몸을 납작 엎드리는 이유

"장병들의 마음이 안정되지 않고 교만과 사치를 일삼는 등
이러한 것들이 누적되다 보면 곧 패하게 된다."

『울요자』

자신감과 교만의 경계는 그리 분명하지 않다. 어디까지
자신감이고, 어디부터 교만인지 파악하기는 쉽지 않다. 그
런데 일단 교만의 상태로 넘어가기 시작하면 그 부작용은
매우 심각해진다. 교만은 자신에 대한 강한 신념과 능력에
대한 믿음에서 비롯되므로 한편으로는 꽤나 강한 상태로
보일 수도 있다. 하지만 사실은 매우 허약하고 부실한 상
태라고 봐도 무방하다. 좀 더 심하게 말하면, 일종의 꼭두
각시 인형이 된 것이나 마찬가지다. 아이러니한 것은 이

꼭두각시의 주인은 바로 자기 자신이다. '자신이 자신을 꼭두각시처럼 부린다'는 말이 어색할 수도 있지만, 교만해진 사람은 이미 자신에 대한 너무 강한 신념에 함몰된 나머지, 유연한 생각과 행동을 할 수 없게 되고, 타인의 조언이나 비판을 도저히 받아들일 수 없는 상태가 되어버린다. 문제는 이러한 고립 상태에서 새로운 변화는 거부되고, 더 나은 생각은 차단될 수밖에 없다. 안타깝게도 이런 상태가 오래 지속되면 그때부터는 승리를 성취하는 지름길로 가기는커녕, 늘 패배의 가시밭길을 걸을 뿐이다.

교만한 자는 필패한다

역사에서는 종종 '의병義兵'이라고 부르는 일군의 무리가 일어서 나라를 지켰다. 정의를 실현하려고 일으킨 군대다. 임진왜란 때도 있었고, 병자호란 때도 있었다. 일제 강점기의 독립군도 이러한 의병의 일종이다. 그런데 군대의 종류에는 의병만 있는 것이 아니다. 전한前漢 시대 왕조의 역사를 기록한 『한서漢書』에는 의병 이외에도 적의 공격에 어쩔 수 없이 대응하는 군대인 응병應兵, 사소한 분노를 참지 못하고 일어난 군대인 분병忿兵, 남의 재물과 땅을 탐내어 일으킨 군대인 탐병貪兵도 있다고 말한다. 이런 유의 군대들은 각자의 실력이나 명분에 따라 패배하거나 승리한다. 그런데 이러한 군대의 종류 중에 '반드시' 패배하는 군대가 있다. 그것은 바로 교병驕兵이다.

군사가 교만하면 멸망하나니, 이것이 하늘의 이치다.

비록 교만해도 전투를 잘하면 승리할 여지가 있을 법도 한데, 그 멸망을 '하늘의 이치'라고까지 말하니, 이는 보통 강력한 경고가 아니다. 여기에서 유래한 말이 바로 '교만한 군대는 반드시 패한다'는 의미의 교병필패驕兵必敗다. 다른 병법서에서도 교만은 내가 패배하는 지름길이자, 적을 패배시키는 중요한 비법으로 제시된다.

적이 나를 낮추어 보면 적을 더 교만하게 하라.

『손자병법』

적이 하는 일마다 넘치게 성공하게 해 교만하게 하라.

『사마법』

장병들의 마음이 안정되지 않고 교만과 사치를 일삼는
등 이러한 것들이 누적되다 보면 곧 패하게 된다.

『울요자』

그렇다면 이러한 교만한 군대가 필패하는 본질적인 원
인은 어디에 있을까?

일단 누구든 교만한 상태가 되면 자신을 매우 강한 존재
로 인식하면서 경계 태세를 풀어 느슨한 상태가 되고 만
다. 실제 과학적인 연구에서도 교만해진 사람은 '나쁜 결
과가 일어날 확률'을 낮게 평가하는 것으로 나타났다. 또
한 이때에는 우월감을 느껴 세심한 주의력도 동시에 떨어
진다. 이 모든 것은 외부 상황에 대해 정확하고 객관적인
판단을 흐리게 한다. 미래를 지나치게 낙관하고, 세심한
주의력도 없으며, 객관적인 판단도 하지 못하는 군대가 필
패하는 것은 너무도 당연한 일이다.

박식함을 갉아먹는 교만이라는 함정

조괄趙括은 조나라의 명장 조사趙奢의 아들로 태어났다.

따라서 그는 어려서부터 병법서를 줄줄이 외우다시피 했고, 그 결과 누구도 따라올 수 없는 병법 지식을 습득했다. 심지어 나중에는 아버지와 병법에 대해 논쟁해도 이길 정도였다. 하지만 조사는 오히려 걱정이 컸다. 전쟁은 목숨을 거는 일인데, 아들이 전쟁을 너무 쉽게 말했기 때문이다. 특히 교만해진 아들의 모습이 무척 우려스러웠다. 결국 조사는 "만약 조괄이 장군이 되면 조나라 군대가 크게 패배할 것이다"라는 유언을 남기기도 했다. 하지만 그럼에도 조괄의 박식함은 많은 사람에게 회자되었다.

한번은 진나라의 장수 백기白起가 조나라를 침략했다. 이때 조나라에서는 조괄을 장군으로 임명했다. 이 소식을 들은 조괄의 어머니는 나라의 운명이 걱정됐다. "제 아들은 절대 장군 그릇이 아니니 임명하지 마시옵소서"라는 상소문을 올릴 정도였다. 하지만 조괄은 장수에 임명됐고, 전장에 나섰다.

드디어 전투가 시작되자 백기는 조괄이 교만하다는 이야기를 듣고 이를 이용하기로 했다. 전투를 하다가 도망가는 척 깊은 골짜기로 유인한 것이다. 이때 조괄은 신이 나서 적을 뒤쫓았다. 그렇지 않아도 교만한 인물인데, 상대가 겁을 먹고 도망가니 더욱 교만해졌다. 당연히 조심성이 떨어지고 객관적인 판단도 하지 못했다. 문제는 그렇게 해서 골짜기로 따라 들어갔지만, 진나라 병사들은 온데간데없이 사라지고 결국 자신들이 고립되는 상황에 처하게 됐다. 그렇게 보급로가 끊긴 지 무려 40여 일. 식량이 없는 상태에서 수많은 병사가 죽어갔고, 조괄은 끝내 전쟁에서 대패하고 말았다. 그때 조나라가 잃은 병사의 수는 무려 40만 명에 이르렀다. 교만이 얼마나 큰 피해를 낳는지 여실히 보여주는 사례다.

어리석은 척도 필요하다

자신감과 교만의 기준에 대해서는 노자老子가 제시한 '자현自見'이라는 개념이 그 기준이 될 수 있다. 이는 '스스로 드러낸다'는 의미로 타인에게 잘나 보이고 싶고, 똑똑해 보이고 싶은 욕망이다. 자신감이 외부로는 잘 드러나지 않는 내면의 힘이라면, 교만은 말과 행동, 표정을 통해 계속해서 외부로 발현된다. 그리고 여기에는 바로 '남들보다 우월하고 싶다'는 욕망이 섞여 있다. 노자는 이 자현의 상태에 처한 사람에 대해 『도덕경道德經』에서 이렇게 말한다.

"스스로를 드러내는 자는 밝지 못하다. 스스로 옳다고 하는 자는 드러나지 못한다. 스스로 공을 자랑하는 자는 공이 없다. 스스로를 높이는 자는 오래가지 못한다."

중요한 점은 만약 누구라도 이 자현에 사로잡혀 교만해지면 정신적 꼭두각시가 되고 만다. 자신이 옳다는 것을 보여주려고 자신에게 유리한 것만 부각하고, 불리한 것은 왜곡하며, 자신의 판단이 틀렸다는 사실을 쉽게 인정하지 못한다. 그러다 보면 자신에 대한 비판이나 질책, 경고 등은 모두 '쓸데없는 소리'로 치부하게 되고, 스스로 우물 안에 갇히는 꼴이 된다. 따라서 병법서에서는 이런 자현의 상태에서 탈출하려면 늘 신중하고 조심스러운 태도를 유지해야 하며, 심지어 '어리석은 척을 하라'는 조언까지 한다.

사나운 날짐승이 먹이를 공격하려 할 때는 낮게 날면서 날개를 접습니다. 사나운 맹수가 먹이를 덮치려 할 때는 귀를 숙이고 낮게 엎드립니다. 이처럼 성인들도 행동을 개시하려고 할 때는 반드시 어리석은 척해서 알아차리지 못하게 합니다.

『육도』

현명한 장수는 그 꾀를 감추니, 마치 어리석은 듯하고,
멍청한 듯이 행동합니다.

『육도』

현명한 자는 다스림에 힘쓰나, 겉으로 보기에는 어리석
고 둔한 자처럼 보여야 적이 나를 쉽게 여기고 방심하게
된다.

『삼략』

병법서의 기준에서 보면, 지혜롭고 똑똑한 사람처럼 보
이길 원하는 것, 외부로 드러나는 교만은 한마디로 패배로
가는 직진 코스라고 볼 수 있다.

가혹한 자기비판이 필요한 이유

교만이란 일종의 '자신에 대한 단단한 확신이 서 있는
상태'라고 볼 수 있다. 따라서 자신이 틀릴 가능성을 열어
두면 그 견고함이 허물어지고, 약화한다.
세계적인 투자가인 워런 버핏의 오랜 파트너 찰리 멍

거 Charlie Munger는 뭔가를 확실하게 판단하기 전까지 끊임없이 스스로를 비판하는 과정을 거쳤다. 자신에 대해 반대하는 사람보다 더욱 혹독하게 자신을 비판적으로 바라보는 것이다. 다만 이러한 가혹한 자기비판에도 살아남은 판단이라면 비로소 그것을 믿고 실행에 옮겼다.

1970년대 초반, 이스라엘은 과거에 거둔 유례없는 압승으로 '아랍은 우리를 공격하지 못할 것이다'라는 교만에 빠져 있었다. 하지만 아랍은 기습 작전을 펼쳤고, 그 결과 이스라엘은 큰 위기에 빠졌다. 이러한 사건을 겪은 후 이스라엘은 '입차 미스타브라 Ipcha Mistabra'라는 부대를 신설했다. '반대일 가능성이 있다', '정반대 가설을 검토하라'라는 의미를 지닌 이 부대는 그때부터 온갖 정보에 대한 반대 가설을 내는 역할을 했다.

자신감, 그리고 지혜와 똑똑함은 인생을 살아가는 데 매우 유용한 도구다. 하지만 그것은 도구로 써야지, 뽐내야 할 장식품처럼 취급해서는 안 된다. 오히려 어리석은 척, 그리고 더 나아가 자신도 얼마든지 틀릴 수 있다는 가능성을 열어둘 때 비로소 우리는 진정한 자신감과 지혜, 그리고 똑똑함으로 무장할 수 있다.

분노는 승리의 원동력이 된다

강해지기 전에 먼저 봐야 할 자신의 상처

"적에게 모욕을 당해 분노가 쌓인 군대는
그 기세를 막을 자가 없다."

『사마법』

　우리는 보통 자신의 실수로 치욕적이거나 모욕적인 경험을 하게 되면 그에 관한 기억을 빨리 잊고 싶어 한다. 그것을 떠올리는 일 자체가 고통을 느끼게 하기 때문이다. 그런 점에서 이런 기억이 떠오르면 대체로 억압하거나 외면하려는 경향이 강하다. 하지만 이러한 치욕적이거나 모욕적인 기억이 가지고 있는 또다른 장점도 살펴보아야 한다. 자신의 실수를 되짚고, 원인을 분석하고, 그것에서 나름의 교훈을 끌어낼 수 있다면 커다란 성장의 계기로 삼을 수 있기 때문이다. 실제로 우리 주변에 정신력이 매우 강인하거나 흔들림이 없는 사람이 있으면 부러움을 느끼기도 한다. 성격이나 스타일이 원래 그럴 수도 있지만, 사실 그런 사람일수록 과거에 숱한 치욕과 모욕을 겪은 사람일 가능성이 크다. 중요한 점은 치욕과 모욕 그 자체에서 멈추는가, 아니면 그곳에서부터 새롭게 전진하는 발판을 마련하는가이다.

마음 상태를 살펴보고 사람을 써라

『육도』에서는 부대를 편성하는 11가지 방법을 제시한다. 일반적으로는 병사들의 신체 조건이나 특별한 능력에 따라 부대를 편성한다. 키가 크고 날쌘 병사들을 모아 적군의 깃발을 빼앗아 오는 부대를 만들고, 빠르게 잘 뛰는 병사들로 적의 후방을 치는 부대를 만드는 방식이다. 그런데 매우 흥미로운 점은 신체적인 능력이 아니라, 과거의 경험이나 그 결과로 형성된 마음의 상태로 부대를 구성하는 방법도 함께 제시한다. 총 5개의 부대는 다음과 같이 만들어진다.

높은 관직에 있다가 권세를 잃은 자로, 공을 드러내어 다시 권세를 보려 하는 자들을 선발하여 한 개 부대를 만들어 '사투의 부대死鬪之士(죽기를 각오하고 싸우는 부대)'라고 합니다.

전쟁터에서 전사한 장수의 자제로, 부친의 원수를 갚기 위해 복수심에 불타는 자들을 선발하여 한 개 부대를 만들어 '사분의 부대死憤之士(죽음을 각오하고 분개한 부대)'라고 합니다.

가난의 한을 품고 공을 세워 부귀를 얻으려는 자들을 선발하여 한 개 부대를 만들어 '필사의 부대必死之士(반드시 죽기를 각오하고 싸우는 부대)'라고 합니다.

처가살이를 하거나 포로가 되었던 자로, 공을 세워 과거의 오명을 씻고 이름을 드높이고 싶어 하는 자들을 선발하여 한 개 부대를 만들어 '여둔의 부대勵鈍之士(무딘 것을 갈아 날카롭게 힘쓰는 부대)'라고 합니다.

죄를 짓고 복역한 자로, 과거의 치욕을 씻으려는 자들을

선발하여 한 개 부대를 만들어 '행용의 부대幸用之士(요행
히 기회를 얻은 부대)'라고 합니다.

이러한 부대에 편성된 병사들의 마음 상태는 굳이 말을
하지 않아도 알 수 있다. 한마디로 치욕과 모욕, 부끄러움
과 복수심, 한을 품은 상태다. 병법서에서 이런 사람들로
구성된 부대를 편성하라는 이유는 명백하다. 바로 그와 같
은 마음이 강렬한 투지를 만들어내기에는 최적의 상태이
기 때문이다.

『사마법』에서도 비슷한 말을 한다.

적에게 모욕을 당해 분노가 쌓인 군대는 그 기세를 막을
자가 없다.

모욕이 모욕으로만 끝나면 그냥 내 마음의 상처가 될 뿐
이다. 하지만 그것을 분노로 바꾸고, 다시 그 분노를 전진
하는 힘으로 바꾼다면 세상의 그 무엇도 나 자신을 막을
수는 없을 것이다.

역경에 처한 사람이 취해야 할 태도

청나라 중기에는 이른바 '태평천국의 난'이라는 대규모 농민, 종교 반란이 일어났다. 무려 14년간이나 계속되었고 사망자만 수천만 명에 이르는 것으로 평가된다. 이 반란을 제압한 인물이 바로 증국번曾國藩이다. 그는 고향에서 직접 의용군을 조직해 반란군을 상대로 싸웠으며 그 결과 난을 진압하고 자칫 사라질 운명의 청나라를 구해낸 중요한 인물로 추앙받는다.

하지만 증국번이 처음부터 탁월한 전략가나 정치가는 아니었다. 그는 초기에 반란군과 벌인 전투에서 크게 패배하자 그 수치심을 이기지 못해 괴로워했다. 결국 물에 뛰어들어 죽으려고 하기까지 했다. 그뿐만 아니라 조정의 관리들은 그의 군사적 무능을 비난해 탄핵하기에 이르렀고, 황제 역시 그를 신뢰하지 않는다는 소식이 들렸다. 하지만 그는 자신의 뼈아픈 경험과 기억을 더 큰 도약의 힘으로 바꾸었다. 매일 일기를 쓰면서 자신의 실수를 반성하고, 치욕적인 일이 왜 발생했는지 되새겼다. 그리고 그러한 반성을 계기로 그는 끝내 반란군을 꺾고 청나라를 구했다. 그가 가족들에게 썼다는 편지를 모은 책에는 이런 문구가 나온다.

"대장부는 치아가 부러져도 피와 함께 삼킨다. 참으로 역경에 처한 사람이 취해야 할 좋은 방법이다. 스스로 설 수 있고 뜻을 이룰 수 있음을 근본으로 삼고, 원망하지 않고 남을 탓하지 않음을 실천으로 삼아야 한다."

치아가 부러지면 누구나 고통을 느낀다. 하지만 고통을 호소하는 데 그치는 것이 아니라 피와 함께 삼킴으로써 자신을 더욱 단련하는 실천으로 이어간다는 내용은 고통을 어떻게 성장 계기로 삼는지 잘 보여준다.

남송의 장수 악비岳飛 역시 비슷한 궤적을 걸었다. 그는 매우 가난한 농가에서 태어났다. 대홍수로 그의 집은 떠내려갔으며 그 결과 어린 시절부터 극심한 가난에 시달렸다. 악비 역시 어린 나이에 땔감을 내다 팔면서 생계를 유지했다. 무엇보다 악비는 훗날 장수가 되어 전쟁에서 큰 공을 세웠지만, 정치적 갈등에 휩싸여 수차례 파직과 복직을 반복했고, 그 과정에서 그는 배신이라는 깊은 트라우마를 겪었다. 자신의 잘못도 없이, 외적인 요인으로 인생이 흔들린다면 환멸을 느끼고 포기할 법도 했다. 하지만 그는 '악가군岳家軍'을 양성하면서 군사력을 강화했다. 그는 병사들과 똑같이 먹고 잤으며 부상병의 상처를 직접 치료하며 돌봤다. 그 결과 적국으로부터도 "태산을 흔들기는 쉬워도 악가군을 흔들기는 어렵다"는 평가를 들을 정도의 철의 군대를 만들어냈다.

완벽한 상태를 위한 축적의 시간

어니스트 헤밍웨이는 『무기여 잘 있거라』에서 이런 이야기를 했다.

"세상은 모든 사람을 부러뜨린다. 그리고 그 후 많은 이들은 부러진 자리에서 강해진다."

그는 인간이라면 상처를 피할 수 없다고 보았다. 중요한 것은 부러졌다는 사실이 아니라, 그 부러진 자리를 어떻게 받아들이느냐는 점이었다.

우리는 그 누구도 자신의 과거를 바꿀 수는 없다. 하지만 그 과거를 어떻게 사용할지는 순전히 자신의 선택일 뿐이다. 그저 아픈 기억을 되새김질하면서 포기하고 낙담하는 나약한 명분으로 사용할지, 아니면 거기서 의미를 찾아 내 앞으로 나아갈 동력으로 삼을지는 오로지 그 자신에게 달렸다.

무협지에는 종종 금강불괴金剛不壞라는 표현이 등장한다. '창이나 칼, 그 어떤 것으로도 상처를 낼 수 없는 초고수의 경지'를 의미한다. 하지만 이를 현실적으로 해석해보면, 이미 수많은 창과 칼에 상처를 입고 그것을 극복해낸 상태라고 볼 수 있다. 이미 당해본 공격이기에 어떤 공격인지 빠르게 알 수 있고, 이미 겪어본 상처이기에 어떻게 회복하는지도 알 수 있다.

잘 싸우는 사람, 늘 승리하는 사람의 모습이 멋있어 보일 수는 있어도, 그의 과거는 결코 순탄할 리가 없다. 그러니 어쩌면 우리는 충분히 상처 입을 준비가 되어야 하고, 과거의 상처를 꺼내어 다시 봐야 할 용기도 필요하다.

전략은 디테일에서 나온다

사소한 행동 하나에 적이 감춘 본심이 보인다

"무릇 생각 없이 적을 가벼이 여기는 자는
반드시 적에게 사로잡힐 것이다."

『손자병법』

　전쟁에 나선 장수가 적과 직접 싸우기 전까지 가장 먼저
하고, 가장 치밀하게 노력을 기울이는 과정이 하나 있다.
바로 '적을 헤아린다'는 의미의 요적料敵이다. 현재 적이 어
떤 상태인지, 어느 정도의 힘이 있는지 살펴보는 일이다.
이는 단순히 적의 병력 규모를 파악하는 수준을 넘어, 적의
심리 상태와 처한 환경, 진정한 의도까지 분석하는 과정이
다. 이 요적 자체만으로 승리를 이뤄낼 수는 없지만, 이것
이 없으면 승리는 꿈도 꿀 수 없다. 여기에서 가장 중요한

것은 바로 사소한 징후를 통해 실체를 파악하는 일이며, 겉으로 드러난 행동을 통해 진짜 의도를 읽어내는 일이다. 이러한 모습은 우리의 일상에서도 매우 중요하다. 일을 할 때도, 경쟁을 할 때도, 평범한 인간관계를 맺어나갈 때도 상대의 실체와 의도를 파악하지 못한다면, 그때부터 예정돼 있는 것은 끊임없는 돌발 변수에 휘둘리는 일일 뿐이다.

집요함으로 관찰력을 키워라

장수가 가장 피해야 할 일이 있다면, 그것은 바로 근거도 없이 적을 무시하는 태도다. 싸움을 많이 해본 장수일수록, 혹은 경험이 충분히 축적된 장수일수록 이렇게 자신의 직관만 믿은 채 적군을 무시하는 마음을 가질 수 있다. 하지만 이런 태도에 대해 『손자병법』은 매우 서늘한 경고를 한다.

> 무릇 생각 없이 적을 가벼이 여기는 자는 반드시 적에게 사로잡힐 것이다.

전쟁에서 최악 중의 최악은 적에게 사로잡히는 것이니,

적을 가볍게 여기는 오만이 얼마나 무서운지 알게 해준다. 이 오만을 떨쳐내려면 '오만하지 않아야지'라는 마음 자세만 가지고는 안 된다. 이때 무엇보다 필요한 것이 바로 요적이기도 하다. 적을 자세하게 관찰하다 보면 그 과정에서 잘못된 판단이 수정되고, 오만한 생각을 제어할 수 있기 때문이다.

『손자병법』에서는 이러한 관찰법을 매우 중요하게 다루는데, 그중에서도 '이렇게까지?'라는 생각이 들 정도의 압도적인 관찰법은 적진의 먼지가 피어오르는 형태로 내부의 사정을 파악하는 법이다.

먼지가 높고 날카롭게 오르는 것은 적의 전차부대가 온다는 것이고, 먼지가 낮고 넓게 깔리는 것은 적의 보병부대가 온다는 것이고, 먼지가 여러 곳에서 가늘게 일어나는 것은 적이 땔나무를 해서 끌고 간다는 것이며, 먼지가 작게 일어나면서 생겼다 없어지는 것은 적이 야영을 준비하는 것이다.

병사들이 지팡이에 기대어 서 있는 것은 굶주렸다는 증거이고, 물을 길으면서 먼저 물을 마시는 것은 목이 마르다는 증거이며, 이로움이 있다는 것을 알고도 진격하지 않는 것은 병사들이 피로에 지쳤다는 증거다.

병사가 서 있는 자세, 물을 마시는 순서까지 세밀하게 관찰하는 모습은 그야말로 목숨이 왔다 갔다 하는 전쟁터가 아니면 하기 힘든 날 선 관찰이라고 할 수 있다. 이렇게 외형적인 관찰을 통해 실체를 파악하는 것과 함께 또 하나 중요한 것은 겉으로 드러나는 모습을 통해 의도를 파악하는 일이다.

적이 가까이 있으면서도 조용한 것은 지형이 험한 것을 믿기 때문이고, 멀리 있으면서도 싸움을 거는 것은 아군의 공격을 유인하려 하기 때문이다. 적이 험한 지형을 버리고 평평한 곳에 야영하는 것은 평지의 이로움을 이용하겠다는 의도이며, 숲에 있는 많은 나무가 움직이는 것은 적이 은밀히 습격해온다는 징후이며, 많은 풀로 다량의 장애물을 설치해놓은 것은 의심을 해봐야 한다.

대체로 많은 경우에 겉으로 드러나는 모습과 의도 사이에는 괴리가 있다. 따라서 자칫 외형만 보면 오해가 생길 수 있고, 상대의 의도를 잘못 해석할 수 있다. 따라서 우리는 늘 보이는 것에 가려진 보이지 않는 것을 파악하려는 노력을 기울여야 한다.

사소한 정보에서도 승기를 잡을 수 있다

『삼국지』에서 제갈량과 사마의司馬懿는 이른바 '오장원의 전투'를 벌였다. 사마의는 성에 들어가 도무지 나올 생각을 하지 않았고, 제갈량은 사마의가 시간 끌기를 하면서 아군의 체력이 바닥나길 기다린다고 여겼다. 따라서 한시라도 빨리 사마의를 끌어내려고 우선 도발을 시작했다. 사신을 통해 사마의에게 선물로 여자의 옷과 장신구를 보낸 것이다. '싸우지 않고 성에 숨어만 있으니 여자와 다를 게 없지 않느냐?'라는 의미였다. 이때 사마의는 흥분하지 않고 오히려 사신을 극진하게 대접하며 그저 일상적으로 보이는 질문을 했다.

"요즘 제갈 승상께서는 식사는 얼마나 하시고, 업무는 어떻게 보고 계시는가?"

그러자 사신은 제갈량의 건재함을 과시하기 위해 이렇

게 대답했다.

"곤장 20대 이상의 처벌은 직접 판결하실 정도로 모든 대소사를 직접 챙기십니다. 다만 식사는 하루에 쌀 세 홉 정도밖에는 드시지 않습니다."

쌀 세 홉은 오늘날 일반 공기밥 한 그릇이 겨우 넘는 수준이다. 하루에 이 정도만 먹는다는 것은 군사를 지도하는 사람으로서는 극히 적은 양이다.

고개를 끄덕인 사마의는 아무런 일도 없다는 듯이 사신을 돌려보냈지만, 그의 얼굴에는 웃음이 가득했다. 일은 많이 하는데 먹는 것이 적으니 제갈량이 오래 살기 힘들겠다고 판단한 것이다. 그리고 그의 예상은 적중했다. 실제로 제갈량은 얼마 가지 않아 병을 얻었고 결국 세상을 떠나고 말았다.

우리도 일상에서 요적의 관점을 갖게 되면 그렇지 않을 때보다는 훨씬 상대의 의도와 사건의 실체에 빠르게 접근할 수 있고, 이에 대응할 수 있다. 무엇보다 상대가 보여주는 의도된, 혹은 의도되지 않은 무의식적 행동에서 빠르게 이러한 신호를 읽어내는 실력을 길러야 한다.

현대 정보전에서 매우 유명한 사례로 '피자 지수Pizza Meter'라는 것이 있다. 1990년 이라크가 쿠웨이트를 침공하자 미국 국방부에서는 이에 대한 대책을 세우기 위해 비상 모드에 돌입했다. 하지만 언제, 어떻게 공격할지는 극비였고, 언론사들도 이를 알 수는 없었다. 그런데 돌연 어느 날 심야에 국방부 인근 피자 가게들의 주문량이 폭주하기 시작했다. 이를 본 일부 언론사는 '대규모 군사 작전이 임박했다'라고 판단했다. 피자 주문량이 폭주한 것은 국방부 직원들이 철야 근무를 시작했다는 의미이며, 이는 곧 이라크에 대한 공격이 임박했다는 징후로 해석한 것이다. 이후에도 이런 일이 반복되자 정보 관계자들 사이에서는 이러한 징후에 '피자 지수'라는 이름을 붙여 비공식적인 위기 지표의 하나로 활용했다.

전쟁과 피자. 무심코 보면 별다른 관련이 없어 보이지만, 자세히 보면 내적으로 분명 긴밀한 연관성이 있을 수 있다. 다만 이것을 판별해내는 것은 평소에 '요적'의 개념을 가지고 있느냐 없느냐다. 우리도 이러한 요적의 관점에서 주변 사람들을 관찰하다 보면 그들에게 어떤 공격 의도가 있는지, 혹은 어떤 평화의 메시지를 보내는지 알 수 있다. 그에 따라 사전에 준비하고 대응하는 것이야말로, 승리로 가는 길에 큰 보탬이 될 수 있다.

지금의 삶에서
한 단계 더 도약하기 위한 방법

컴퓨터 프로그래밍에는 루프Loop라는 기능이 있다. 명령어를 넣은 후 '루프'를 설정하면 정해진 기준이 충족되지 않을 때 처음으로 돌아가 해당 과정을 반복한다. 문에 설치한 디지털 도어락에 잘못된 비밀번호를 입력하면 '삑삑삑' 울리는 경고음과 함께 다시 처음으로 돌아가는 것도 이 루프 기능의 일환이다. 여기에는 '비밀번호가 정확하게 입력되지 않으면 자물쇠를 풀지 말고 다시 처음으로 돌아가'라는 조건과 '비밀번호가 정확하게 입력되면 처음으로 돌아가지 말고 자물쇠를 풀어'가 내재되어 있다.

우리 몸에도 루프가 있다. '체온이 36.5도 미만으로 떨어지면 근육을 떨게 해서 몸에 열을 내'와 '36.5도 이상으로 올라가면 근육 떨림을 멈춰'가 있다. 수분이 부족하면 갈증을 느끼거나, 배가 고프면 '꼬르륵' 소리가 나는 것도 모두 루프의 일환이다. 결국 루프 기능의 핵심은 일정한 기준이 설정되고, 그 이하면 과거의 상태를 유지하면서 처음으로 되돌아가고, 일정한 기준이 충족되면 더 이상의 반복을 멈추고 새롭고 긍정적인 변화가 시작된다. 닫혀 있던 문이 활짝 열리거나, 몸의 떨림을 멈추고 편안해지는 것과 마찬가지다.

흥미로운 점은 우리가 삶에서 이뤄내는 성공과 실패에도 이러한 루프가 작동한다는 점이다. 일정한 기준을 만족시키지 못하면 계속해서 그 상태에 머물거나 처음으로 돌아가고, 그 기준을 충족하면 새로운 도약을 통해 기존과는 다른 차원으로 진입하게 된다는 이야기다.

인생은 불공평할까?

성경 「마태복음」에는 이런 말이 있다.

"무릇 있는 자는 받아 풍족하게 되고, 없는 자는 그 있는 것까지 빼앗기리라."

주인이 잠시 집을 떠나면서 하인 3명에게 달란트라고 불리는 일정한 돈을 맡겼다. 달란트를 5개와 2개 받은 하인들은 열심히 돈을 굴려 재산을 늘렸고, 달란트를 1개 받은 하인은 돈을 굴리다 손해볼까 봐 두려워 그냥 땅에 묻어두었다. 얼마 후 되돌아온 주인은 달란트를 늘린 하인에게는 칭찬과 함께 더 많은 달란트를 주었고, 그렇지 못한 하인에게는 가지고 있던 달란트마저 빼앗아버렸다.

이 세상의 법칙과 원리를 탐구한 많은 과학자와 연구자는 「마태복음」의 이 이야기를 '마태 효과Matthew Effect'라고 부르면서, 이것이 매우 중요한 승리와 성공의 법칙이라고 확신했다. 삶은 끊임없는 루프의 반복인데, 일정한 기준을 충족시키지 못하고 그 아래에서 맴돌면 실패의 제약에서 벗어나지 못하고, 반대로 일정한 기준에 도달하면서 성공의 조건을 충족시키면 더 새로운 성공을 향해 나아갈 수 있다는 이야기다.

'이기는 사람은 이미 정해져 있다', '늘 성공하는 사람이 성공한다'라는 말은 매우 불편하게 느껴질 수도 있다. 우리가 마주하는 세상이 불공평하고, 누군가에게만 특혜를 준다는 느낌을 들게 하기 때문이다. 하지만 안타깝게도 그것은 세상이 불공평해서가 아니라, 세상이 돌아가는 방식

일 뿐이다. 이겨본 경험이 있는 사람은 이기는 조건을 잘 돌파하고, 성공해본 사람은 성공의 기준을 빠르게 충족시킬 수 있다. 그러니 이기는 사람은 정해져 있고, 성공하는 사람이 또 성공하기 마련이다.

세상에 떠도는 말들

이 책이 심혈을 기울이고자 한 것은 바로 우리의 삶에 적용된 일정한 루프의 기준을 만족시킨 후 그다음 단계로 나아가는 도약의 차원을 만들어가는 것이다. 하지만 그렇게 하기에 우리를 방해하는 것들이 적잖이 존재한다.

당장 눈에 보이는 현상과 지금 귀에 들리는 말들은 본질을 가리고, 핵심을 비껴나가게 한다. 주변 사람들이 해주는 말은 일견 상식적인 차원에서 타당한 것도 있지만, 그렇지 않은 경우가 더 많다. 깊은 통찰도 없고, 세심한 관찰도 없는 상태에서 떠도는 말들을 순진하게 믿고 실패를 반복하기에는 우리의 인생이 너무도 아깝다.

2,500년을 견뎌온 고전의 이야기는 그만큼 힘이 강하고, 수없이 많이 검증되었다는 의미다. 더구나 피 튀기는 전쟁

의 현장에서 완성된 철학과 신념, 그 전략 전술은 충분히 믿을 만하다고 본다. 무엇보다 그 원리를 자기변화, 일, 감정관리, 인간관계로 확장해서 적용해본다면, 분명 지금보다 훨씬 똑똑하고 지혜로운 자기 발전의 계기를 마련할 수 있을 것이다. 이 책을 통해 삶에 제한적으로 걸려 있는 루프의 기준을 뛰어넘고, 더 높고 원대한 새로운 루프로 전진할 수 있기를 기대한다.

이겨본 적 있는가
단 한 번이라도

초판 1쇄 발행 2026년 4월 27일

지은이 이남훈
펴낸이 김선준

편집이사 서선행
책임편집 송병규
마케팅팀 권두리, 이진규, 신동빈
콘텐츠본부장 조아란
콘텐츠팀 이은정, 장태수, 권희, 박미정, 조문정, 이건희, 박지훈, 송수연, 김수빈, 현유진, 정지호
표지·본문 디자인 외주 STUDIO 보글
경영관리 송현주, 윤이경, 임해랑, 정수연

펴낸곳 페이지2북스
출판등록 2019년 4월 25일 제2019-000129호
주소 서울시 영등포구 여의대로 108 파크원타워1, 28층
전화 070) 4203-7755 **팩스** 070) 4170-4865
이메일 page2books@naver.com
종이 월드페이퍼 **인쇄** 더블비 **제본** 책공감

ISBN 979-11-6985-199-2 (03190)

- 책값은 뒤표지에 있습니다.
- 파본은 구입하신 서점에서 교환해 드립니다.
- 이 책은 저작권법에 의하여 보호를 받는 저작물이므로 무단 전재와 복제를 금합니다.